Monarchen pro contra eigenes Land

Thomas Hattemer

Monarchen pro contra eigenes Land

Nationen Abstammung Trauma

Bibliografische Information der Deutschen Nationalbibliothek
Die Deutsche Nationalbibliothek verzeichnet diese Publikation
in der Deutschen Nationalbibliografie; detaillierte bibliografische
Daten sind im Internet über http://dnb.d-nb.de abrufbar.

© 2021 Thomas Hattemer
Grafik: detchana wangkheeree/ Shutterstock.com
Covergestaltung, Herstellung und Verlag:
BoD - Books on Demand, Norderstedt
ISBN 978-3-7557-6408-3

Inhaltsverzeichnis

Paternal – Maternal – Spezialfall

Gibt es den Effekt der extremen Liebe oder Gleichgültigkeit gegenüber eigenem Land wegen männlicher oder wegen weiblicher Vorfahren? Oder überwiegen andere Gründe? Nutzen Berater die „Gleichgültigkeit" der Regierenden aus?

Zwei Nationen, die von Ludwig XIV. bis zum 2. Weltkrieg leider Erbfeinde waren, haben zwischen 1618 und 1918 neun Monarchen, die eine ganz bestimmte Gemeinsamkeit vorweisen können und die extrem „erfolgreich" für oder gegen ihre Nation arbeiten. Es hängt seltsamerweise nur davon ab, ob sie westlich oder östlich des Rheins regieren.

Der Grund für diese Tendenz liegt vielleicht in seelischer Gewalt in weiter Vergangenheit, die zwei Frauen 1209 und 1526 angetan wurde, und ggf. unbewußt vererbt wird.
Es gibt auch auf väterlichen Ahnenreihen immer wieder Glück und Unglück. Die paternale Seite der Vorfahren ist jedoch meist wesentlich bekannter. Es geht hier auch nicht um die maternale Seite an sich, sondern nur um einen Spezialfall, der einer besonderen Erwähnung wert ist.
Mächtige Frauen mit dieser maternalen Ahnenreihe gibt es im Vereinigten Königreich, in Schweden und in Rußland.

Darüber hinaus werden von allen europäischen Herrschern und Herrscherinnen auch andere Vater- und Mutterstämme aufgezeigt, insbesondere von den für 1618-48 und 1914-18 relevanten Nationen, teils mit erstaunlichen Ergebnissen.

Die Seitenzahl hier ist 88. Dies soll auf die Jack-the-Ripper-Aktion hinweisen, in die meine Familie wohl involviert ist.

Klärung der Begriffe zu Ahnen

Mütterlichste und väterlichste Ahnen

Mütterlichste Ahnenreihe soll heißen: Mutter, Großmutter mütterlicherseits, deren Mutter usw. Die Kekulé-Nummern sind 3, 7, 15, 31, 63, 127 usw. [1] Väterlichste Ahnenreihe soll heißen: Vater, Großvater väterlicherseits, dessen Vater usw. Die Kekulé-Nummern sind also 2, 4, 8, 16, 32, 64 usw. Mütterlichste Linie wird zum DNA-Abgleich verwendet.

Urvater und Urmutter

Urvater, Urmutter stehen u.a. für Stammvater, Stammmutter. Die Genealogie (Familiengeschichtsforschung) versteht als Stammmutter die früheste belegte Vorfahrin (Ahnin). Das gleiche gilt entsprechend für den Urvater.

Übermutter und Übervater

Männliche bzw. weibliche Person, die für eine bestimmte Gruppe eine Leitfigur ist, nach der sich viele ausrichten.

„Überahne" und „Überahnin"

Gibt es verstorbene Ahnen, welche auf die Abkömmlinge nach vielen Generationen noch eine Wirkung auf Geist, Handeln, Intelligenz usw. haben? Falls ja, dann nenne ich diese „Überahne" bzw. „Überahnin".

---

[1] Nach Stephan Kekulé von Stradonitz (1863 Gent -1933 Berlin).

11

Prägendste Vorfahren beim Adel

z.B. Garsenda + Anna – zudem mütterlichste Linie

Folgende Herrscher und Herrscherinnen hatten auf dem europäischen Parkett der frühen Neuzeit die wohl größte Aura. Sie haben – durch die Bank hinweg – alle auf ihrer mütterlichsten Linie **Anna von Böhmen und Ungarn (1503–1547)** [2] zur Vorfahrin. Diese Anna ist die Ehefrau von Kaiser Ferdinand I. (Bruder von Kaiser Karl V.).

Annas Ahnin – ebenso auf der mütterlichsten Linie – ist – Generationen zurück – **Garsenda von Sabran, Gräfin von Forcalquier (ca. 1180–1242/57)**. Sie war eine eigenständige Gräfin und brachte ihre Familie ins Haus Aragon-Barcelona. Sie war eine Dichterin und sehr mächtige Frau.

Garsenda und Anna auf mütterlichster Linie als Vorfahrin haben u.v.a. (fett: zusätzlich auf weiteren Linien):
1) Frankreich: Ludwig XIII., **XIV., XV.** u.a.
2) Frauen: **Katharina d. Große**, Queen Victoria, Königin Christine v. Schweden u.a.
3) Deutschland, HRR[3] **Ferdinand II., Wilhelm II.** u.a.
4) Monarchen in Spanien, England und weiteren Ländern

Es mag Zufall sein, daß die jeweiligen deutschen Kaiser bei den offenbar zwei schlimmsten Katastrophen „in der deutschen Geschichte unter adeliger Herrschaft", also 1914-18 und 1618-48, sich **mehrfach** in ihren mütterlichsten Ahnen von Garsenda von Sabran, Gräfin von Forcalquier, und von Anna von Böhmen und Ungarn herleiten:

---

[2] Auch: Anna Jagiello nach Vaters und (Ur)Großvaters Familiennamen
[3] HRR: Heiliges Römisches Reich Deutscher Nation

- Ferdinand II. **auch via Mutter des Vaters und Ehefrau**
- Wilhelm II. **auch via maternaler Linie der Ehefrau** sowie weiteren, kleineren Anteilen. (siehe in anderem Kapitel)

Sonnenkönig Ludwig XIV., Ludwig XV., Kaiser Ferdinand II. und die zwei letzten Habsburger (+1711, +1740) sind über Mutter <u>und</u> Vater doppelt belegt mit diesen Vorfahrinnen. Beide Großmütter (Mutter des Vaters und Mutter der Mutter) haben sie in der mütterlichsten Linie.

Kann ich von <u>Zufall</u> ausgehen, wenn die Nachkommen, die in ihrer maternalen Linie von Garsenda und Anna von Böhmen und Ungarn mehrfach abstammen,
a) Frankreich über Ludwig XIV. und XV. nützen
b) deutschen Landen über F. II. und W. II. schaden?

Zwar ist es verlockend, eine Gruppe c) aufzumachen, weil sich dort Zarin Katharina, Queen Victoria und Christine, Königin von Schweden, versammeln würden. Aber die erste Ehefrau Wilhelms II. und die zweite Ferdinands II. könnten zeigen: Es kommt auf das Land an, nicht auf das Geschlecht.

Rußland blüht bei Katharina der Großen auf. Aber unter der Ehefrau des letzten Zaren Nikolaus II. wird zumindest die Monarchie abgeschafft. Sowohl Wilhelms II. Frau als auch Nikolaus' II. Frau haben Garsenda und Anna auf ihren mütterlichsten Linien. Also keine Tendenz in Rußland?

Statistisch gesehen ist die Menge an adeligen „Probanden/-innen" viel zu klein, um wissenschaftlich vorzugehen. Diese Tatsachen (Ahnen, Verhalten) will ich einfach mal nebeneinanderstellen ohne eine Wertung vorzunehmen.

z.B. Friedrich Wilhelm I. (Soldatenkönig)

Wirkt eine andere Französin, und zwar <u>Éléonore Desmier d'Olbreuse</u> (1639-1722), als prägende Vorfahrin - und wenn, dann positiv auf Preußen, Rußland und England?

Folgende ihrer Nachfahren waren große Militärs:
- Zar Alexander I. (1812, Befreiungskriege)
- Zar Nikolaus I. (Angriffe auf Türkei und Persien)
- Brit. König Georg II. (Österreichischer, Siebenjähriger)
- König Friedrich der Große von Preußen
- Deutscher Kaiser Friedrich III. von Preußen (+1888)

Oben genannte Männer haben sie auf ihrer mütterlich<u>sten</u> Linie der Ahnen. Éléonore stammte aus der Region Poitou. Es finden sich jedoch keine besonderen militärischen Erfolge in ihrer Familie. **Also schauen wir woanders nach:** Éléonore hat nur ein Kind, eine Tochter, mit ihrem Mann dem Herzog von Braunschweig. Aber genau diese eine Tochter Sophie Dorothea von Braunschweig-Lüneburg (1666 in Celle - 1726) heiratet auf Schloß Celle ihren Cousin, den späteren britischen König Georg I. (1660-1727). Aus dieser Ehe gingen der Sohn Georg II. August (1683-1760), britischer König, und die Tochter Sophie Dorothea (1687-1757) hervor. Sie heiratet <u>Friedrich Wilhelm I. von Preußen, auch bekannt als Soldatenkönig.</u> Hat dieser Mann seine Nachfahren, männlich wie weiblich militärisch stark beeinflußt? Gibt es darum gute Militärs aus diesem Zweig?

Zaren Alexander I. und Nikolaus I. haben die Ahnenreihe:
- Maria Feodorovna (Sophie Dorothea von Württemberg)
- Frederike von Brandenburg-Schwedt
- Sophie Dorothea von Preußen
- Friedrich Wilhelm I. von Preußen (Soldatenkönig)

Der Frauen Länder – Frankreich und HRR

Wie hängen Garsenda von Sabran, das Deutsche Reich und Frankreich zusammen?
Es gab hier das Königreich Burgund zwischen Basel und Marseille. Es wurde 1033 ans Deutsche Reich vererbt, und weite Teile fielen im 14./15. Jahrhundert an Frankreich zurück. Genau aus diesem Gebiet stammte **Garsenda von Sabran, Gräfin von Forcalquier** (1180–1242/57). Konrad II., der erste deutsche Kaiser aus dem Haus der Salier, übernahm diese Landschaften in Südfrankreich, westlich der Alpen. Jahre vorher war zwischen Heinrich II., letzter Kaiser aus dem Haus der Ottonen (Niedersachsen), und dem schwachen Rudolf von Burgund ein Erbvertrag ausgehandelt worden. Die Provence war im Besitz der Familie von Aragon, wozu der Mann der Garsenda gehörte. Im Gegensatz zu Aragon war die **Provence Teil des Heiligen Römischen Reiches HRR.**

Wie hängen Anna von Böhmen und Ungarn, das Deutsche Reich und Frankreich zusammen?
Der französische König Ludwig XII. (27.6.1462–1.1.1515) organisierte die Ehe des Königs von Böhmen und Ungarn, Vladislav II. mit Anna von Foix-Candale. Sie sind die Eltern Ludwigs II. (+1526) und **Annas, Frau Kaiser Ferdinands I.** Die Rechnung ging aber nicht auf, von Österreich die Königreiche Böhmen und Ungarn unabhängig zu halten. **Daher Pro-Französische Nachkommen der Anna (+1547)?**

Die Machtspiele um Territorien sind der Ausgangspunkt. Schlimmer ist jedoch das persönliche Leid über den Verlust von Ehemann 1209 und Bruder 1526. Haben Staufer 1209 und Habsburger 1526 nachlässig gehandelt?
Staufer zementieren Macht des alemannisch-schwäbischen Adels. Nicht mein Ding. Ich lebe eher nach Salier-Mentalität.

15

1618, 1914

1618-1648, 1914-1918, und in Konsequenz wohl 1933-1945? Diese zwei deutschen Katastrophen Anfang des 17. und des 20. Jahrhunderts sind meiner Meinung nach ohne Not entstanden und schwer zu verstehen. Die Anlässe passen im Verhältnis nicht annähernd zur Schwere der Eskalation.

Einen Spezialfall angehen

Ich möchte keinesfalls mißverstanden werden, wenn ich mit Schwerpunkt mütterliche Linien europäischer Herrscher/-innen untersuche. Sie sind nicht besser oder schlechter als väterliche Linien. 2 hoch 3 Gruppen entstünden aus:

Monarch/in väter/mütterlicherseits eigenes/fremdes Land

Jede Gruppe hätte es treffen können. Es geht mir hier darum, ohne Vorurteil etwas zu ergründen. Es ist ein Spezialfall aufgrund besonderer Vorkommnisse. Daß es eine maternale Linie trifft, ist Zufall. Ergänzt sei noch das Folgende:

a) In Mittelalter und früher Neuzeit war die Thronfolge (!) in vielen Teilen Europas eine männliche.
b) Meist stammt die männliche Linie aus demjenigen Land, welches regiert wird. Es gibt zahlreiche Ausnahmen, jedoch sind diese den Historikern und Laien bewußt.
c) Wer außer z.B. einem Team aus den USA macht sich Gedanken darüber, wo die Ahnenreihe eines Herrschers oder einer Herrscherin mütterlicherseits endet?
d) Das Problem ist nicht die weibliche Linie an sich, sondern, daß niemand sich derer bewußt ist.
e) Wenn eine weibliche Thronfolge bestimmend gewesen wäre, dann hätte der Forscher umgekehrt das Problem mit der väterlichen Linie und möglichem „Geheimnis".

16

Beziehung Berater – Monarch maternal Garsenda

Regierungsstil und Verhältnis zu Beratern ähnlich? Grund?

Maximilian II.
Der Wechsel an der Spitze des Reiches bedeutete keinen strukturellen Bruch. Vielmehr bediente sich Maximilian der Berater seines Vaters. (Manfred Rudersdorf: Maximilian II. In: Die Kaiser der Neuzeit. München 1990, S. 89.)

Ferdinand II.
Ferdinand erwies sich als Herrscher, der sich oft seiner Berater bediente, um politische Entscheidungen zu treffen, wobei er nicht selten auf den jeweils letzten Rat hörte. … Er wird als schwankend und oft unentschlossen, bequem und nicht sonderlich begabt geschildert, … mit schlauem Instinkt für seine Macht. (Golo Mann: Wallenstein. Sein Leben, Frankfurt am Main 2016 (1971), S. 492, 521, 704, 803, 838)

Leopold I.
Politisch wenig geschult, überließ er die Staatsgeschäfte bis Anfang der 1680er Jahre erfahrenen Beratern. (Volker Press: Leopold I. In: Neue Deutsche Biographie (NDB). Band 14, Duncker & Humblot, Berlin 1985, S. 256–260)

Joseph I.
Joseph hatte sich bereits vor seiner Thronbesteigung mit reformfreudigen Beratern umgeben und der junge Wiener Hof war ehrgeizig bei der Ausarbeitung innovativer Pläne. ("Reforming zeal in the Baroque: Joseph I". The World of the Habsburgs. english.habsburger.net. 14.12.2011.) Kollegialer Umgang mit Beratern. (Wikipedia, dt., aus: Prinz Eugen)

Karl VI.

Bei der Durchsetzung seiner Politik unterstützten Karl VI. erfahrene Minister und Berater wie ... Prinz Eugen. (Hans Schmidt: Karl VI. 1711-1740. In: Die Kaiser der Neuzeit 1519-1918. Heiliges römisches Reich, Österreich, Deutschland, München 1990, S. 208.)

Wilhelm II.

Wilhelm wollte sowohl die Innen- als auch Außenpolitik des Reiches wesentlich stärker beeinflussen als sein Großvater. Das „persönliche Regiment" des Kaisers war jedoch oft eine von häufig wechselnden Beratern gesteuerte Politik, die Entscheidungen Wilhelms oft widersprüchlich und letztlich unberechenbar erscheinen ließen. (Fritz Hartung: Das persönliche Regiment Kaiser Wilhelm II. Berlin 1952.)

Berater – Monarch maternal Leonor de Alvim

Karl V.

Wie man mit dem gefangenen König Franz I. von Frankreich und der machtpolitisch vorteilhaften Situation umgehen sollte, war zwischen Karl und seinen Beratern umstritten. Karl entließ ihn gegen den Rat seiner Berater. (Alfred Kohler: Karl V., Kaiser. In: Neue Deutsche Biographie 11 (1977), S. 196f.)

Ferdinand III.

Trotz aller Berater hatte er schließlich zu entscheiden. Ferdinand zeigt sich in den Akten als ein Monarch mit Sachverstand, Verantwortungsgefühl und der Bereitschaft auch schwere Entscheidungen zu treffen. (Konrad Repgen: Ferdinand III. In: Anton Schindling, Walter Ziegler (Hrsg.): Die Kaiser der Neuzeit. 1519–1918. Heiliges Römisches Reich, Österreich, Deutschland. München 1990, S. 156.)

Familie und Siegel der Garsenda

Siegel Garsenda von Sabran, Gräfin Forcalquier (1180-1257)
Louis Blancard – Iconographie des sceaux et bulles 1860

Tochter, Mutter und Großmutter der Garsenda sind nicht ganz einfach oder gar nicht unter Wikipedia zu finden.

Guillem II de Montcada, Vicomte de Béarn, und Garsenda (+1263) haben die Kinder Gaston und Constanza de Béarn. Garsendas Eltern sind Alfonso II., Graf der Provence und **Garsenda von Sabran und Folcarquier (um 1180–1242 oder 1257)**. Constanza de Béarn [4] ist die Mutter von Teresa Diaz de Haro (*vor 1254).

---

[4] Béarn liegt nördlich der Pyrenäen, in der Nähe des Baskenlandes

19

Die Mutter von **Garsenda de Sabran (1180–1257)** ist:
Garsenda de Forcalquier y Beziers (1156–1209) [5]
Vater Garsendas (geb. 1180) ist Raimund I. de Sabran
Großmutter mütterlicherseits von Garsenda (1180–1257) ist:
Adela de Albí-Beziers geb. um 1130 - Frankreich, Med.-
Pyrenäen, Tarn, Albí [6]
Garsenda bezeichne ich bisweilen als Urmutter, auch wenn
dies nicht stimmt. Garsenda vermute ich als „Überahnin".
Sie ist offensichtlich die mächtigste Stammutter Europas.

Anna (1503-1547) – heißere Spur

Allerdings sieht es so aus, als ob Anna von Böhmen und
Ungarn (1503 Buda – 1547 Prag) einen größeren oder den
einzigen Anteil an einem eventuellen Vererbungs-Effekt hat.
Denn das bemerkenswerte Verhalten einiger französischer
und deutscher Herrscher fängt erst nach der Ehefrau des
Kaisers Ferdinand I. (1503 Alcalá de Henares – 1564 Wien)
an. *Maximilian II. bediente sich der Berater seines Vaters
Ferdinand I.* Kann man bei Maximilian II. schon den Effekt
sehen? Bei den Frauen zw. Garsenda und Anna v. B. u. U. ist
nichts Auffälliges festzustellen. Auf der anderen Seite haben
Nachfahrinnen der Garsenda bis vor ca. 1500 weder
französische noch deutsche (HRR) Herrscher geheiratet.
Also hat man keine Chance, den Effekt zu sehen. Bei
Nachfahrinnen Annas v. B. u. U. ist ebenso kein Trauma
festzustellen. Zudem teilt sich das Verhalten von Herrschern
beider Nationen bereits auf diverse Töchter Annas auf.

---

[5] https://gw.geneanet.org/pocita?lang=en&n=de+forcalquier+y+
beziers&oc=0&p=garsenda
[6] Albi: französische Stadt, nordöstlich von Toulouse

Seelische Verletzung 1209 und 1526?

Tod des Ehemanns der Garsenda von Sabran

Ehemann der Garsenda von Sabran (ca. 1180 bis ca. 1257) war Alfonso II. von Aragon, Graf der Provence (*ca. 1180, +2. Febr. 1209). Seltsam, daß er bereits im Alter von 28 oder 29 Jahren starb. Als er seine Schwester Constance, Witwe, nach Palermo begleitet, kommt er dort ums Leben.

Constance von Aragon (+1222 an Malaria) heiratete 1209 in Palermo keinen Geringeren als Friedrich II. (1194–1250), der 1212 in Mainz zum König und 1220 in Rom zum Kaiser gekrönt wurde. Sie war die erste seiner drei Ehefrauen.

Kam Alfonso gewaltsam um? Gibt seine Tochter Garsenda († 1263) den Schock unbewußt an Nachkommen weiter? Die Ehefrau Garsenda kann es nicht über die Schwangerschaft vererbt haben, weil die Sache über des Ehemanns Tod lief.

Sind die Staufer aus folgendem Grund empfindlich? 1208 erschlug Otto von Wittelsbach den König Philipp von Schwaben in Bamberg. Ein Welfe wird am 21.10.1209 als Otto IV. Kaiser in Rom. Otto von Wittelsbach wurde für vogelfrei erklärt und 1209 selbst ermordet. Die Ehefrau von Philipp erlitt eine Fehlgeburt und so blieben vier Töchter. Damit war Friedrich II. der einzige männliche Staufer zu jener Zeit. Goldmünzen und Büsten Friedrich II. zeigen ihn als römischen Kaiser. Handelt er auch so? Und wie genau?

Constance war in erster Ehe mit König Emmerich von Ungarn (+1204) verheiratet. Aragon hatte Barcelona geerbt. Die Provence gehörte ihnen damals auch. Nur sie war Teil des Heiligen Römischen Reiches via Erbe Burgund 1033.

Falls man auf einen Mord spekuliert, dann sollte das Haus Aragon vielleicht davon abgehalten werden, die deutsche Königswürde und die römische Kaiserwürde anzustreben.

Tod des Bruders der Anna, Frau Ferdinands I.

Die Nachfahrin der Garsenda auf der mütterlichsten Linie, Anna von Böhmen und Ungarn (1503 Buda – 1547 Prag) gibt als Einzige das Erbgut auf der mütterlichsten Seite an den europäischen Adel bis in die heutige Zeit weiter.

Sie hatte als Geschwister nur ihren Bruder Ludwig II. (1506 Ofen – 1526 Mohacs). Er starb bereits im Alter von 20 Jahren, als er im südlichen Ungarn im Kampf mit den Osmanen stand. 1529 standen die Türken vor Wien.

Er war schon vor seiner Geburt einer Enkelin von Kaiser Maximilian I. versprochen worden. Ludwig ist sogar auf dem berühmten Gemälde abgebildet, worauf Maximilian, sein Sohn Philipp der Schöne, Johanna die Wahnsinnige, Karl V. und Ferdinand I. zu sehen sind.

Nach dem Tod Ludwigs II. fielen Böhmen und Ungarn an die Habsburger. Allerdings war der größte Teil Ungarns erst einmal an die Türken gefallen. Dort herrschte Johann Zápolya im Auftrag der Osmanen.

Soll man annehmen, daß Anna von Böhmen und Ungarn, Ehefrau Kaiser Ferdinands I. den vielleicht berechtigten Eindruck gewann, ihr Bruder Ludwig II. sei vorsätzlich in den Tod geschickt worden? Immerhin hoffte Ludwig auf eine Unterstützung durch die Habsburger und den Papst, als er ohne Chance in einer offenen Feldschlacht gegen die Türken zog. Die Hilfe war klein.

Hat sie unbewußt eine parteiische Einstellung an ihre Nachfahren vererbt, die Frauen (nicht aus Deutschland) und Frankreich bevorzugt, bei „Anwendung" auf z.B. Habsburg und Hohenzollern aber kontraproduktiv wirkt?

Ihre Mutter ist Anna de Foix-Candale (+1506), die dritte Ehefrau des Vladislav II. von Böhmen und Ungarn (+1516). Das zweite Kind von Anna, Maximilian II., kam am 31. Juli 1527 zur Welt. Die Schlacht bei Mohacs war am 29.8.1526.

Vererbte Traumata – Fachartikel

Es gibt zahlreiche Artikel zu dem Thema, wie Streß, den ein Individuum erlebt hat, an seine Nachkommen vererbt wird. Und dies, obwohl die Nachkommen einem solchen Erlebnis nie ausgesetzt waren (zum Beispiel: Schlacht bei Verdun 1916 und Ostvertriebene 1945).

Dazu habe ich hier einige Artikel wortwörtlich aufgeführt:

__A__
<<Extremer Stress kann vererbt werden
Von Martina Janning
Ein Attentat, eine Vergewaltigung, Folter, Krieg, Vertreibung: Traumatische Erlebnisse können nicht nur durch ein verändertes Verhalten weitergegeben werden, sondern auch durch Vererbung. Darauf deuten Versuche mit Mäusen hin.

Trauma-Folgen werden an Mäuse-Kinder weitergegeben

Extreme Stresserlebnisse können Menschen ein Leben lang erschüttern und zu psychischen Erkrankungen wie einer posttraumatischen Belastungsstörung führen. Auch noch Kinder und Enkel können davon beeinflusst sein. Lange gingen Wissenschaftler davon aus, dass der Grund dafür ein verändertes Verhalten ist. Doch Versuche zeigen: Es gibt auch eine genetische Komponente.
Die Schweizer Neurobiologin Isabelle Mansuy und ihr Team haben die Vererbung von Stressschäden an Mäusen untersucht. Dafür stressten sie die Mäuse nach der Geburt extrem: Sie trennten die Babys in willkürlichen Zeitabständen von ihren Müttern und versetzten ihnen Kälteschocks oder schränkten ihre Beweglichkeit ein.

Nachdem diese Mäuse ausgewachsen waren, untersuchten die Wissenschaftler deren Verhalten, indem sie unter anderem ihre Reaktion auf helles Licht und offene Räume prüften, und die Tiere in einem Becken schwimmen ließen. Das Ergebnis: Alle traumatisierten Mäuse zeigten ein unnatürliches Verhalten. Fast alle Tiere hatten ihre natürliche Scheu vor Licht und Wasser verloren und begaben sich bei den Versuchen häufig in gefährliche Situationen. "Die Maus handelt ohne zu überlegen. Ein solches Risikoverhalten sieht man auch oft bei Menschen, die traumatisiert wurden", erklärt Forscherin Mansuy.

Interessant wurde es bei den Kindern der traumatisierten Mäuse-Mütter: Obwohl diese ohne Stress aufwuchsen, zeigten sie die gleichen Verhaltensauffälligkeiten wie ihre Eltern. Selbst bei den Enkeln und Urenkeln wiesen die Forscher diese Veränderungen noch nach.

Außerdem war der Stoffwechsel der Nachkommen verändert – sie hatten einen niedrigen Insulin- und Blutzuckerspiegel und waren trotz gleicher Nahrung deutlich schmächtiger als Mäuse von nicht-traumatisierten Eltern.

Vererbung von Traumata über die Micro-RNAs

Wie Trauma-Folgen vererbt werden, dazu lieferte eine weitere Untersuchung Hinweise. In Proben von Blut, Spermien und Gehirn der traumatisierten Mäuse entdeckten die Schweizer Forscher ein Ungleichgewicht von Micro-RNAs. Das sind kurze Kopien des Erbguts. Micro-RNAs übernehmen in den Zellen vor allem regulierende Aufgaben und steuern zum Beispiel, wie stark bestimmte Gene abgelesen und in Proteine umgesetzt werden.

Bei den Kindern und Enkeln der traumatisierten Mäuse waren Verteilung und Menge dieser Micro-RNAs anormal – von einigen gab es mehr, von anderen weniger als in entsprechenden Zellen der Kontrolltiere. Dadurch laufen die von den Micro-RNAs gesteuerten Zellprozesse aus dem Ruder.

Noch ist unklar, wie es zu dem Ungleichgewicht der kurzen RNAs kommt. "Sehr wahrscheinlich sind sie Teil einer Wirkkette, die damit beginnt, dass der Körper zu viele Stresshormone produziert", erklärt Isabelle Mansuy.

Positive Erfahrungen können das Vererben eines Traumas verhindern

"Es ist wichtig, dass wir uns bewusst werden, dass unsere Lebenserfahrungen Konsequenzen haben – nicht nur für uns, sondern auch für unsere Nachkommen", betont Professor Isabelle Mansuy. Dies öffnet die Tür, um etwas gegen die negativen Folgen tun. Denn die Spuren eines Traumas im Erbgut lassen sich tilgen, auch das zeigen Untersuchungen des Teams um Isabelle Mansuy. Eine positive und anregende Umgebung – viermal mehr Platz im Käfig und viel Abwechslung – führte bei den jungen traumatisierten Mäusen dazu, dass die Veränderungen und das abnorme Verhalten im Erwachsenenalter verschwanden. Auch diese erneute Veränderung wird an den Nachwuchs dieser Generation vererbt. >> 7

B
Siehe auch unter:
https://www.psychologie-aktuell.com/news/aktuelle-news-psychologie/news-lesen/vererbte-traumata.html

Literaturhinweis:

---

7 https://www.planet-wissen.de/gesellschaft/krankheiten/stress/stress-vererbung-100.html

Gapp K, Jawaid A, Sarkies P, Bohacek J, Pelczar P, Prados J, Farinelli L, Miska E, Mansuy IM: Implication of sperm RNAs in transgenerational inheritance of the effects of early trauma in mice. Nature Neuroscience, April 7, 2014: http://dx.doi.org/10.1038/nn.3695

C

Zum Beispiel ein Buch benutzt folgenden Begriff:
https://www.aerzteblatt.de/archiv/196243/Transgenerati onale-Traumatisierung-Blick-auf-eine-andere-positive-Selbstsicht
BUCH
Transgenerationale Traumatisierung: Blick auf eine andere positive Selbstsicht
PP 17, Ausgabe Februar 2018, Seite 84
Breitenbach, Gaby

D

<< Stuttgart 20.4.2016 / Was war zuerst da – die Henne oder das Ei? Für Wissenschaften wie die Biologie, Medizin oder Psychologie ist das eine wichtige Frage. Es geht dabei nicht um ein nahrhaftes Produkt und seinen Erzeuger, sondern darum, was beim Menschen angeboren und was erworben ist. Vor allem die Epigenetik, ein noch relativ junges Teilgebiet der Biologie, beschäftigt sich mit diesem Thema. Begründet hat sie der britische Entwicklungsbiologe und Genetiker Conrad Hal Waddington (1905-1975), der den Begriff Epigenetik 1942 erstmals verwendete.

Weitervererbte Traumata: Wie ist das möglich?
Eine Entdeckung der Gen-Forscher ist faszinierend: Traumatische Erlebnisse und Schicksalsschläge von Großeltern und Eltern werden an Kinder, Enkel und Urenkel weitervererbt, obwohl diese sie gar nicht erlebt haben. Wie ist so etwas möglich?

Deutsche und Franzosen, die 1916 vor Verdun gegeneinander kämpften, Zivilisten, die im Zweiten Weltkrieg die Bombenangriffe auf deutsche Städte durchlitten, amerikanische Soldaten, die in Vietnam, im Irak und in Afghanistan im Einsatz waren – sie alle haben eins gemeinsam: Ihre Psyche versucht aus Selbstschutz die traumatischen Erlebnisse und grauenhaften Bilder in ihren Köpfen zu verdrängen.

Die Erinnerungen verschwinden aber nicht einfach, sondern sind weiterhin im Unterbewusstsein da und belasten die psychische Stabilität. Mehr noch: Sie verändern das Erbgut und beeinflussen das ganze Leben – das der Betroffenen genauso wie das ihrer Nachkommen.

Angeboren oder erworben?

In der Verhaltenspsychologie gibt es zwei konträre Theorien: Die Vertreter des sogenannten Nativismus (von lateinisch „nativus" angeboren, natürlich) glauben, dass Begabungen und Fähigkeiten größtenteils angeboren oder von Geburt an im Gehirn verankert sind. Dagegen behaupten die Anhänger der „Tabula-rasa"-Theorie (lateinisch für unbeschriebenes Blatt, leere Tafel), dass das Gehirn nur wenige angeborene Fähigkeiten habe und fast alles durch Interaktion mit der Umwelt erlernen müsse. >> [8]

E
https://www.aerzteblatt.de/archiv/51425/Transgeneratio nelle-Traumatisierung-Erinnerungsarbeit-notwendig
WISSENSCHAFT
Transgenerationelle Traumatisierung: Erinnerungsarbeit notwendig
PP 5, Ausgabe Mai 2006, Seite 224

---

[8] https://www.stuttgarter-nachrichten.de/ inhalt.genetik-und-verhalten-vererbte-traumata.e3745ca5-09f8-48fc-8598-4e4dae2b11b7.html

Dr. med. Bertram von der Stein
Spätfolgen bei Kindern von Flüchtlingen aus den
ehemaligen deutschen Ostgebieten
Mit zahlreichen Literaturangaben.

Vaterstämme Spanien, England

Ist es ein „Mißverständnis", daß ein Herrscher nur dann für
sein Land gut sein kann, wenn Ahnen von dort kommen?
* Spanien (Habsburger, Bourbonen) und
* England (Han(n)over, Sachsen-Coburg-Gotha)
* Rußland (Schleswig-Holstein-Gottorf)
* Griechenland (Wittelsbach, Schleswig-Holstein-)
* Heiliges Römisches Reich (ab 1745: Lothringen)
sind gute Beispiele für einen fremden Vaterstamm.
Läuft es gleich, besser oder schlechter damit? Das hängt von
Vielem ab. In England stellt sich die Frage nicht ganz so, weil
die Macht der Monarchie schon länger relativ begrenzt ist.

Umgekehrt – Liebe zum Land

Falls Anna von Böhmen und Ungarn nicht von deutschen
Landen verärgert worden wäre, sondern von Frankreich,
würde sich Problem bzgl. der Nation umgekehrt darstellen?
Ferdinand II. (+1637) und Wilhelm II. (+1941) verlassen sich
zu sehr auf ihre Berater. Sie scheinen unter extremem Streß
fahrlässig aggressiv gegenüber ihrem eigenen Land zu sein.
Es fehlt echte Liebe zum eigenen Land. Lieben sie sogar ein
anderes Land innerlich?
Ist die Denkweise im Heiligen Römischen Reich und Italien
um 1618 weniger national als bei den Nachbarn?

Mannes-/Frauenstamm 1618/1914

Monarchen 1914 – Beginn 1. Weltkrieg

Regent: **Wilhelm II.**
Land: Deutschland
Mannesstamm aus: Heiliges Römisches Reich [9]
Haus: Hohenzollern
Regierungszeit: 1888 – 1918
Mütterlichste Linie: Garsenda de Sabran Gräfin Forcalquier
Frauenstamm aus: Frankreich (Burgund, Arelat)
Doppelbelegung: Frau gleiche mütterlichste

Regent: **Georg V.**
Land: „England" [10]
Mannesstamm aus: Heiliges Römisches Reich
Haus: Sachsen-Coburg-Gotha
Regierungszeit: 1910 – 1936
Mütterlichste Linie: Gräfin Anna von Schaunberg
Frauenstamm aus: Heiliges Römisches Reich [11]

Regent: **Nikolaus II.**
Land: Rußland
Mannesstamm aus: Heiliges Römisches Reich
Haus: Holstein-Gottorp-Romanow
Regierungszeit: 1894 – 1917
Mütterlichste Linie: Gräfin Anna von Schaunberg
Frauenstamm aus: Heiliges Römisches Reich

---

[9] Heiliges Römisches Reich Deutscher Nation (HRR)
[10] „England" ist nicht korrekt, erleichtert aber Vergleich mit Mittelalter
[11] Schaunberg, im Mittelalter „Herzogtum Österreich", Teil des HRR

Regent: **Franz Josef**
Land: Österreich
Mannesstamm aus: Lothringen/Frankreich [12]
Haus: Habsburg-Lothringen
Regierungszeit: 1848 – 1916
Mütterlichste Linie: Euphrosyne Doukaina Kamatera
Frauenstamm aus: Byzanz

Regent: **Viktor Emanuel III.**
Land: Italien
Mannesstamm aus: F+CH+I
Haus: Savoyen
Regierungszeit: 1900 – 1946
Mütterlichste Linie: Euphrosyne Doukaina Kamatera
Frauenstamm aus: Byzanz

Regent	Land	Ahne aus	Ahnin aus
Wilhelm II.	Deutschland	Deutschland	*Frankreich*
Georg V.	„England"	Deutschland	*Österreich*
Nikolaus II	Rußland	Deutschland	*Österreich*
Franz Josef	Österreich	Frankreich	*Türkei*
Vikt. E. III.	Italien	F, CH, I	*Türkei*

Staaten der Ahnen in den heutigen Grenzen hier in der Tabelle

Kaiser Franz Josef und König Viktor Emanuel haben sogar den gleichen Frauenstamm aus <u>Byzanz</u>.
King Georg V. und Zar Nikolaus II. haben den gleichen Frauenstamm aus dem Herzogtum Österreich. Die gleiche Großmutter mütterlicherseits ist Louise von Hessen-Kassel, verheiratet mit Christian IX. von Dänemark. Die maternale Linie geht zurück auf Anna von Schaunberg.

---

[12] Stephan von Lothringen HRR +1765 ist Vorfahre. Das selbständige Herzogtum Lothringen ging 1766 an Ludwig XV. von Frankreich.

Ironie der Geschichte: Zar & King sind deutscher

Fazit: Wilhelm II. sieht sich bei der Hochzeit seiner einzigen Tochter 1913 sowohl dem britischen als auch dem russischen Herrscher gegenüber, die sich wie Brüder ähneln, und beide (Großbritannien, Rußland) sind im Mannesstamm deutsch. Beide Monarchen (Großbritannien, Rußland) haben nicht nur einen deutschen Mannesstamm, sondern sogar gleichen „HRR-deutschen" (besser: österreichischen) Frauenstamm. Wilhelm II. ist aber „nur" im Mannesstamm deutsch.

Man könnte es auch so ausdrücken:
Wilhelm II. könnte „nicht mit dem ganzen Herzen dabei sein". Wie sonst hätte er so fahrlässig sein Reich in den Krieg führen können, der nur schlecht ausgehen konnte.
Leider wird Wilhelm II. auch nicht von seiner Ehefrau gebremst. Böswillig könnte man sagen: „Denn sie hat die gleiche Überahnin aus dem alten Burgund." Aber es ist ja nichts bewiesen! Das soll jetzt nicht negativ interpretiert werden. Aber auffällig ist es schon. Vielleicht ist es auch Zufall und ohne weitere Bedeutung.
Wenn es ein Matriarchat damals gegeben hätte, dann könnte (unbewiesen) der Teufel im Mannesstamm stecken, weil genau dieser in diesem Fall nicht im Rampenlicht gesteckt hätte, und zwar über Jahrhunderte. Doch auch hier ist nicht bewiesen, daß es einen Effekt über die Vererbung gibt, der einen großen Zeitraum überbrückt.

Machen Sie sich die Freude und tragen Sie in die Landkarte Europas 1914 den Vaterstamm und den Mutterstamm der europäischen Herrscher hinein. Wer kämpft da gegen wen?

Zugeben muß ich, daß ich die Vorfahren, die innerhalb der „Extreme" Vater- und Mutterstamm liegen, nicht untersucht habe. Dann könnte Wilhelm II. wieder „deutscher" sein.

Monarchen 1618 – Beginn 30jähriger Krieg

Regent:	**Matthias**
Land:	Heiliges Römisches Reich
Mannesstamm aus:	Heiliges Römisches Reich [13]
Haus:	Habsburg
Regierungszeit:	1612 – 1619
Mütterlichste Linie:	Leonor de Alvim
Frauenstamm aus:	Portugal

Regent:	**Ferdinand II.**
Land:	Heiliges Römisches Reich
Mannesstamm:	Heiliges Römisches Reich
Haus:	Habsburg
Regierungszeit:	1619 – 1637
Mütterlichste Linie:	Garsenda de Sabran Gräfin Forcalquier
Frauenstamm:	Frankreich (Burgund, Arelat)
Dreifachbelegung:	Vater + Frau gleiche mütterlichste

Regent:	**Ludwig XIII.**
Land:	Frankreich
Mannesstamm aus:	Frankreich
Haus:	Bourbon (aus Kapetinger)
Regierungszeit:	1610 – 1643
Mütterlichste Linie:	Garsenda de Sabran Gräfin Forcalquier
Frauenstamm aus:	Frankreich (Burgund, Arelat)
Doppelbelegung:	Frau gleiche mütterlichste

Regent:	**Philip III.**
Land:	Spanien
Mannesstamm aus:	Heiliges Römisches Reich
Haus:	Habsburg

---

[13] Heiliges Römisches Reich, Grenzen 1618, hier: Eidgenossenschaft.

32

Regierungszeit: 1598 – 1621
Mütterlichste Linie: Leonor de Alvim
Frauenstamm aus: Portugal

Regent: **Philipp IV.**
Land: Spanien
Mannesstamm aus: Heiliges Römisches Reich
Haus: Habsburg
Regierungszeit: 1621 – 1665
Mütterlichste Linie: Garsenda de Sabran Gräfin Forcalquier
Frauenstamm aus: Frankreich (Burgund, Arelat)

Regent: **Gustav Adolf**
Land: Schweden
Mannesstamm aus: Schweden
Haus: Vasa
Regierungszeit: 1611 – 1632
Mütterlichste Linie: Gräfin Anna von Schaunberg
Frauenstamm aus: Heiliges Römisches Reich

Regent: **Friedrich V. von der Pfalz**
Land: Pfalz
Mannesstamm aus: Heiliges Römisches Reich
Haus: Wittelsbach
Regierungszeit: 1619 – 1620 König v. Böhmen
Mütterlichste Linie: Antoinette de Polignac
Frauenstamm aus: Frankreich

Regent: **James I. Stuart**
Land: England
Mannesstamm aus: Schottland
Haus: Stuart
Regierungszeit: 1603 – 1625
Mütterlichste Linie: Catherine d'Artois
Frauenstamm aus: Frankreich

Regent:		**Christian IV.**
Land:		Dänemark
Mannesstamm aus:		Heiliges Römisches Reich
Haus:		Oldenburg
Regierungszeit:		1588 – 1648
Mütterlichste Linie:		Gräfin Anna von Schaunberg
Frauenstamm aus:		Heiliges Römisches Reich

Regent	Land	Ahne aus	Ahnin aus
Matthias	HRR dt. Nt.	Schweiz	*Portugal*
Ferdinand II	HRR dt. Nt.	Schweiz	*Frankreich*
Ludwig XIII	Frankreich	Frankreich	*Frankreich*
Ludwig XIV	Frankreich	Frankreich	*Frankreich*
Philipp III	Spanien	Schweiz	*Portugal*
Philipp IV	Spanien	Schweiz	*Frankreich*
Gustav Ad.	Schweden	Schweden	*Österreich*
Christian IV	Dänemark	Deutschland	*Österreich*
Friedrich V	Pfalz, Böhm	Deutschland	Frankreich
James I	England ...	Schottland	Frankreich

Staaten der Ahnen in den heutigen Grenzen hier in der Tabelle
Kursiv: sogar die gleiche Ahnin, nicht nur das gleiche Land

Im 30jährigen Krieg sind 4 Parteien mit Garsenda belegt:
1) Deutscher Kaiser Ferdinand II. (über Mutter & Vater)
2) Französischer König Ludwig XIII. (über Mutter & Frau)
3) Schwedischer König Gustav Adolf (über Ehefrau)
4) Spanischer König Philipp IV. (über Mutter & Ehefrauen)

Gustav Adolf und Christian IV. haben die gleiche deutsche Urmutter wie King George V. und Zar Nikolaus II. Frau Gustav Adolfs ist Maria Eleonora von Brandenburg (1599-1655). Sie ist eine Ururenkelin der Anna von Böhmen und Ungarn. 1. Ehefrau Philipps IV. von Spanien ist Elisabeth von Frankreich (+1644), die 2. ist Mariana von Österreich (+1696); beide haben Garsenda in mütterlichster Linie.

Der Krieg von 1618 bis 1648 wird von Kaiser Ferdinand II. vorangetrieben, bei dem die Mutter (Nichte des Vaters) den gleichen Frauenstamm hat wie der Vater. Wie bei Wilhelm II. sind es die gleichen Ahninnen. Es kann Zufall sein. Oder steckt doch etwas dahinter? Dazu müsste man nachweisen, dass Anna oder Garsenda den Geist und das Handeln über zahllose Generationen beeinflusst. Deshalb sollte ich ggf. nur die Tatsache der Verwandtschaft hier betonen; und die Interpretation sein lassen?

Spanischer König Philipp IV. – sein Verhalten

Den spanischen König Philipp IV. (1605-65, regiert ab 1621) lohnt es sich genauer anzuschauen. Spanien beteiligt sich durch finanzielle Unterstützung der Wiener Hofburg am 30jährigen Krieg, aber auch militärisch bis 1621 im Rheinland und um 1635 im Trierer Raum. Spanien ist eher mit den Niederlanden und Frankreich beschäftigt. Schwer zu sagen, ob hier eine Garsenda sich auf die Laune des Königs ausgewirkt hat oder nicht, und der Kaiser in Wien deshalb nur gebremst unterstützt wurde.
Wie bei Kaiser Ferdinand II. (+1637) so sind auch bei seinem Vater König Philipp III. die Eltern Onkel und Nichte. Denn der Vater, König Philipp II. (Sohn Karls V.), heiratet die Tochter seiner Schwester. Der spanische König Philipp III. (+1621) hat via Großvater mütterlicherseits, Kaiser Maximilian II. (+1576), die Garsenda von Sabran als Vorfahrin. Sein Sohn Philipp IV. (+1665) hat über seinen Großvater Karl II. (+1590) UND seine Großmutter Maria Anna von Bayern (+1608) mütterlicherseits die Garsenda und Anna von Böhmen und Ungarn als Ahninnen.
Bei Philipp IV. sieht man die doppelte Inzucht über Onkel und Nichte: Einmal über den Sohn von Karl V. (+1558) und einmal über den Sohn von Ferdinand I. (+1564). Karl V. und Ferdinand I. sind – wie bekannt – Brüder.

Ruß-, England 1914: La+Le Allemand(e)

Georg V. von England – pater+mater HRR

Seine mütterlichsten Vorfahren sind:
Alexandra von Dänemark (1844–1925)
Louise von Hessen-Kassel (1817–1898)
Charlotte von Dänemark (1789–1864)
Sophia Frederica von Mecklenburg-Schwerin (1758–1794)
Charlotte Sophie von Sachsen-Coburg-Saalfeld (1731–1810)
Anna Sophie von Schwarzburg-Rudolstadt (1700–1780)
Anna Sophie von Sachsen-Gotha-Altenburg (1670–1728)
Magdalena Sibylla von Sachsen-Weißenfels (1648–1681)
Anna Maria von Mecklenburg-Schwerin (1627–1669)
Anna Maria von Ostfriesland (1601–1634)
Anna von Holstein-Gottorp (1575–1610)
Christine von Hessen (1543–1604)
Christine von Sachsen (1505–1549)
Barbara Jagiellon (1478–1534)
Elizabeth von Österreich (1436–1505)
Elizabeth von Luxemburg (1409–1442)
Barbara von Cilli (1392–1451)
Anna von Schaunberg (nach 1358–1396)
[familypedia.wikia.org/wiki/...]
Ursula von Görz (ca. 1348–nach 1383)
Katharina von Pfannberg (1328–1375)
Agnes von Walsee (ca. 1300–1329)

Nikolaus II. von Rußland – pater+mater HRR

Seine mütterlichsten Vorfahren sind:
Maria Feodorovna (Dagmar von Dänemark) (1847–1928)
Louise von Hessen-Kassel (1817–1898)
Weiter s.u. Georg V. von England

Austria, Italien 1914: Byzantinerin

Franz Josef von Österreich

Seine mütterlichsten Vorfahren sind:
Sophie von Bayern (1805–1872)
Caroline von Baden (1776–1841)
Amalie von Hessen-Darmstadt (1754–1832)
Palatine Caroline von Zweibrücken (1721–1774)
Caroline von Nassau-Saarbrücken (1704–1774)
Philippine Henriette von Hohenlohe (1679–1751)
…
Euphrosyne Doukaina Kamatera (*Byzanz, +1211 Artà)
Die Linie der Philippine Henriette von Hohenlohe geht in anderen Internetquellen (nicht Wikipedia) weiter. Und läuft Generationen zuvor wieder in Wikipedia weiter zurück.
(siehe eigentliche älteste Ahnin „aus Byzanz" weiter unten)

Viktor Emanuel III. von Italien

Seine mütterlichsten Vorfahren sind:
Margherita von Savoy (1851–1926)
Elisabeth von Sachsen (1830–1912)
Amalie Auguste von Bayern (1801–1877)
Caroline von Baden (1776–1841)
Weiter s.u. Franz Josef von Österreich

Hier und auf den folgenden Seiten betrachte ich nur die mütterlichste Linie. Denn die väterlichste Linie ist durch den Familiennamen bekannt. Alle Ahnen „dazwischen" (z.B. Kekulé-Nr. 9 bis 14) sind sicherlich auch wichtig. Die mütterlichste Linie ist jedoch im Speziellen interessant, weil gewisse Dinge meist nur via Mutter vererbt werden, so - laut Fachliteratur - die Mitochondrien, „Kraftwerke der Zellen".

Europas Regenten „Urmütter"

Heiliges Römisches Reich

König / Kaiser	Mütterlichste Linie	Land
Franz II.	Catherine de Mayenne-Lorraine-Guise	Frankreich
Leopold II.	Christine Friederike von Württemberg	Deutschland
Joseph II.	Christine Friederike von Württemberg	Deutschland
Franz I.	Antoinette de Polignac, Combronde	Frankreich
Karl VII.	Françoise de la Châtre	Frankreich
Karl VI.	**Garsenda de Sabran, Forcalquier + A.**	**Frankreich**
Joseph I.	**Garsenda de Sabran, Forcalquier + A.**	**Frankreich**
Leopold I.	**Garsenda de Sabran, Forcalquier + A.**	**Frankreich**
Ferdinand III.	Leonor de Alvim	Portugal
Ferdinand II.	**Garsenda de Sabran, Forcalquier + A.**	**Frankreich**
Matthias	Leonor de Alvim	Portugal
Rudolf II.	Leonor de Alvim	Portugal
Maximilian II.	**Garsenda de Sabran, Forcalquier + A.**	**Frankreich**
Ferdinand I.	Leonor de Alvim	Portugal
Karl V.	Leonor de Alvim	Portugal
Maximilian I.	Aldonça Lourenço de Valadares	Portugal
Friedrich III.	Anastasia von Halych	Litauen
Sigismund	Jewna	Litauen
Ruprecht	Euphemia von Schlesien-Liegnitz	Polen
Wenzel	Catharina von Ungarn	Ungarn
Karl IV.	Matilda von Tübingen	Deutschland
Ludwig IV.	Matilda von Tübingen	Deutschland
Heinrich VII.	Felicitas von Coucy	Frankreich
Albert I.	Matilda von Tübingen	Deutschland
Adolf	Adelheid von Katzenelnbogen	Deutschland
Rudolf I.	Hedwig von Kyburg	Deutschland
Interregnum		
Konrad IV.	Maria Taronitissa	Zypern
Friedrich II.	Beatrix von Namur	Belgien
Otto IV.	Aénor de Châtellerault	Frankreich
Philipp	Eilika von Schweinfurt	Deutschland
Heinrich VI.	Eilika von Schweinfurt	Deutschland
Friedrich I.	Theophanu	Byzanz
Konrad III.	Bertha von Mailand	Italien

Lothar III.	Gertrude von Haldensleben	Deutschland
Heinrich V.	Bertha von Mailand	Italien
Heinrich IV.	Alberade von Lorraine	Frankreich
Heinrich III.	Matilda von Ringelheim	Deutschland
Konrad II.	Wigeric von Lotharingia	Frankreich
Heinrich II.	Adelheid von Bellay	Frankreich
Otto III.	Theophanu	Byzanz
Otto II.	Adelheid von Burgund	Frankreich
Otto I.	Matilda von Ringelheim	Deutschland
Heinrich I.	Hedwig von Babenberg	Deutschland

14

Deutsches Reich 1871–1918

Kaiser	Mütterlichste Linie	Land
Wilhelm II.	Garsenda de Sabran, Forcalquier + A.	Frankreich
Friedrich III.	Éléonore Desmier d'Olbreuse deren Mutter ist : Jacquette Poussard du Bas-Vandré et de Saint-Marc usw.	Frankreich
Wilhelm I.	Katharina Polyxena von Solms-Rödelheim	Deutschland

Stärkste Herrscherinnen

Kaiserin/Königin	Mütterlichste Linie	Land
Zarin Katharina d. Große Sophie v. Anhalt-Zerbst	Garsenda de Sabran, Forcalquier + A.	Frankreich
Queen Victoria	Garsenda de Sabran, Forcalquier + A.	Frankreich
Christine von Schweden	Garsenda de Sabran, Forcalquier + A.	Frankreich

Hinweis:
Garsenda de Sabran, Forcalquier + A.: Das „A." ist hier die Abkürzung für „Anna von Böhmen und Ungarn".

---

14 Zum besseren Vergleich mit anderen europäischen Staaten meine ich mit „Deutschland" in den Tabellen das „Heilige Römische Reich".

Frankreich

König	Mütterlichste Linie	Land
Louis-Philippe I.	Françoise-Athénaïs de Rochechouart, Marquise de Montespan	Frankreich
Charles X	Catherine von Mayenne	Frankreich
Louis XVIII	Catherine von Mayenne	Frankreich
Louis XVI	Catherine von Mayenne	Frankreich
Louis XV	**Garsenda de Sabran, Forcalquier + A.**	**Frankreich**
Louis XIV	**Garsenda de Sabran, Forcalquier + A.**	**Frankreich**
Louis XIII	**Garsenda de Sabran, Forcalquier + A.**	**Frankreich**
Henry IV	Margaret von Brieg	Polen
Henry III	Isabelle de Beauvau	Frankreich
Charles IX	Isabelle de Beauvau	Frankreich
François II	Isabelle de Beauvau	Frankreich
Henry II	**Garsenda de Sabran, Forcalquier**	**Frankreich**
François 1er	Margaret von Brieg	Polen
Louis XII	Margaret von Brieg	Polen
Charles VIII	Catherine d'Artois	Frankreich
Louis XI	Matilda von Tübingen	Deutschland
Charles VII	Taddea da Carrara	Italien
Charles VI	Beatrice de Faucigny	Frankreich
Charles V	Matilda von Tübingen	Deutschland
Jean II	Beatrice de Faucigny	Frankreich
Philippe VI	Elizabeth the Cuman	Ungarn
Charles IV	Irene Angelina von Byzanz	Byzanz
Philippe V	Irene Angelina von Byzanz	Byzanz
Louis X	Irene Angelina von Byzanz	Byzanz
Philippe IV	Yolanda von Flandern	Belgien
Philippe III	Beatrice de Faucigny	Frankreich
Louis IX	Aénor de Châtellerault	Frankreich
Louis VIII	Mathilda von Château-du-Loire	Frankreich
Philippe II Aug.	Uta von Passau	Deutschland
Louis VII	Gisela von Burgundy, Montferrat	Frankreich
Louis VI	Eilika von Schweinfurt	Deutschland
Philippe I	Estrid von den Obotrites	Schweden
Henry I	Adelaide-Blanche von Anjou	Frankreich
Robert II	Poppa von Bayeux	Frankreich
Hugo Capet	Matilda von Ringelheim	Deutschland

Österreich

Kaiser	Mütterlichste Linie	Land
Karl I.	Christine Friederike von Württemberg	Deutschland
Franz Joseph I.	Philippine Henriette von Hohenlohe / ihre Ahnin ist aus „Byzanz"	Byzanz
Ferdinand I.	Christine Friederike von Württemberg	Deutschland
Franz I.	Catherine de Mayenne-Lorraine-Guise	Frankreich

Belgien

König	Mütterlichste Linie	Land
Philippe	Luisa Gazelli dei Conti di Rossana	Italien
Albert II	Katharina Polyxena v. Solms-Rödelheim	Deutschland
Baudouin	Katharina Polyxena v. Solms-Rödelheim	Deutschland
Leopold III	Frederieke Louise von Reuß-Köstritz	Deutschland
Albert I	Stéphanie de Beauharnais	Frankreich
Leopold II	Christine Friederike von Württemberg	Deutschland
Leopold I	Garsenda de Sabran, Forcalquier + A.	Frankreich

Rußland

Zar / Zarin	Mütterlichste Linie	Land
Nikolaus II	Anna von Schaunberg	Deutschland
Alexander III	Philippine Henriette von Hohenlohe / ihre Ahnin ist aus „Byzanz"	Byzanz
Alexander II	Katharina Polyxena v. Solms-Rödelheim	Deutschland
Nikolaus I	Éléonore Desmier d'Olbreuse	Frankreich
Alexander I	Éléonore Desmier d'Olbreuse	Frankreich
Paul I	Garsenda de Sabran, Forcalquier + A.	Frankreich
Katharina II.	Garsenda de Sabran, Forcalquier + A.	Frankreich
Peter III	Elisabeth Moritz	Deutschland
Elisabeth	Elisabeth Moritz	Deutschland
Anna	Anna Mikhailovna Tatishcheva	Rußland
Peter II	Christine Friederike von Württemberg	Deutschland
Katharina I.	Elisabeth Moritz	Deutschland
Peter I.	Anna Leontyevna Leontyeva	Rußland

England

König/-in	Mütterlichste Linie	Land
Elizabeth II	Mary Garritt	England
George VI.	Katharina Polyxena v. Solms-Rödelheim	Deutschland
George V.	Anna von Schaunberg	Deutschland
Edward VII	**Garsenda de Sabran, Forcalquier + A.**	**Frankreich**
Victoria	**Garsenda de Sabran, Forcalquier + A.**	**Frankreich**
Wilhelm IV	Marie Magdalene von Nassau-Siegen	Deutschland
George IV.	Marie Magdalene von Nassau-Siegen	Deutschland
George III.	Anna von Schaunberg	Deutschland
George II.	Éléonore Desmier d'Olbreuse	Frankreich
George I.	Anna von Schaunberg	Deutschland
Anna	Hyde, Clarendon	England
Wilhelm III.	**Garsenda de Sabran, Forcalquier + A.**	**Frankreich**
James II. Stua.	**Garsenda de Sabran, Forcalquier + A.**	**Frankreich**
Karl II. Stuart	**Garsenda de Sabran, Forcalquier + A.**	**Frankreich**
Karl I. Stuart	Anna von Schaunberg	Deutschland
James I. Stuart	Catherine d'Artois	Frankreich
Elizabeth I	Elizabeth Cockayne	England
Mary I	Leonor de Alvim	Portugal
Edward VI	Anne Say	England
Henry VIII	Jeanne *de Sabran*	Frankreich
Henry VII	Edith Stourton	England
Richard III	Katherine Swynford	Belgien
Edward V	Jeanne *de Sabran* (1296 - 1375)	Frankreich
Edward IV	Katherine Swynford	Belgien
Henry VI	Taddea da Carrara	Italien
Henry V	Isabel Bigod	England
Henry IV	Joan le Latimer	Schottland
Richard II	Joan de Fiennes	England
Edward III	Irene Angelina	Byzanz
Edward II	Douce I von der Provence	Frankreich
Edward I	Beatrice de Faucigny	Frankreich
Henry III	Elisabeth de Courtenay	Frankreich
John	Gerberge de Blaison	Frankreich
Richard I	Gerberge de Blaison	Frankreich
Henry II	Agatha	Schottland ?
Stephen	Adelaide-Blanche von Anjou	Frankreich
Henry I	Adelaide-Blanche von Anjou	Frankreich

| William II | Adelaide-Blanche von Anjou | Frankreich |
| William Conq. | Herleva | Frankreich |

Preußen

König	Mütterlichste Linie	Land
Friedrich Wilhelm IV	Katharina Polyxena von Solms-Rödelheim	Deutschland
Friedrich Wilhelm III	Philippine Henriette von Hohenlohe / Ahnin aus „Byzanz"	Byzanz
Friedrich Wilhelm II.	Christine Friederike von Württemberg	Deutschland
Friedrich der Große	Éléonore Desmier d'Olbreuse	Frankreich
Friedrich Wilhelm I.	Anna von Schaunberg	Deutschland
Friedrich I.	Agnes von Sayn-Wittgenstein	Deutschland

Friedrich der Große und Kaiser Friedrich III. (+1888) haben die gleiche mütterlichste Linie aus Frankreich.

Spanien Anfang 30jähriger Krieg

König	Mütterlichste Linie	Land
Philip IV	Garsenda de Sabran, Forcalquier + A.	Frankreich
Philip III	Leonor de Alvim	Portugal

Schweden im 30jährigen Krieg

König/-in	Mütterlichste Linie	Land
Christine	Garsenda de Sabran, Forcalquier + A.	Frankreich
Gustav Adolf	Anna von Schaunberg	Deutschland

Italien im 1. Weltkrieg

König	Mütterlichste Linie	Land
Viktor Emanuel III.	Philippine Henriette von Hohenlohe / ihre Ahnin ist aus „Byzanz"	Byzanz

Angaben ohne Gewähr. Bei der Menge sind Fehler möglich.

„Urmütter" teils nicht via Wikipedia

Christine Friederike von Württemberg

Christine Friederike von Württemberg
Anna Katharina von Salm, zu Salm-Kyrburg (1614–1655)
Dorothea zu Solms, zu Solms-Laubach (1579–1631)
Margarethe von Schönburg (1554–1606)
Dorothea von Reuß (1522 /1553–1572)
Amalie von Mansfeld (ca. 1506–ca. 1554)
Barbara von Querfurt (1480–1511) [15]
Brigitte zu Stolberg
Mathilde von Mansfeld
Margarethe Schlesien-Glogau
Scholastika von Sachsen-Wittenberg von Askanien
Anna von Meißen
Margarethe von Nürnberg von Hohenzollern
Sophie von Henneberg
Jutta von Brandenburg von Askanien
Anna von Habsburg (von Österreich)
Elisabeth von Görtz
Elisabeth von Wittelsbach
Agnes von Braunschweig d'Este Welfen
Agnes von Staufen, Pfalzgräfin (1176–1204)
Irmgard von Henneberg
Bertha von Pütelendorf

Katharina Polyxena Solms-Rödelheim

Katharina Polyxena zu Solms-Rödelheim (1702–1765)
Charlotte Sibylle von Ahlefeldt-Rixingen (1672–1716)
Maria Elisabeth von Leiningen-Dagsburg-Hartenburg (1648–1724)

---

[15] https://gw.geneanet.org/hwember1?lang=de&n=von+
wurttemberg&oc=0&p=christine
https://www.genealogieonline.nl/de/stamboom-willems-
hoogeloon-best/I15413.php

Sibylle von Waldeck-Wildungen (1619–1678)
Elisabeth von Nassau-Siegen (1584–1661)
Magdalena von Waldeck (1558–1599)
Jutta von Isenburg-Grenzau (–1564) [16]
Elisabeth von Hunolstein
Elisabeth von Bolchen (=de Boulay)
Marguerite d' Autel
Ermesinde von Hollenfeltz
Irmgard de Tombourg
Ermessinde van Blankenheim
Elisabeth von Leiningen
Sophie von Freiburg
Katharina von Lichtenberg
Adélaïde d' Ettendorf (geb. ca. 1250)

Philippine Henriette von Hohenlohe – Byzanz

Philippine Henriette von Hohenlohe (1679–1751)
Juliane-Dorothea von Castell-Remlingen (1640–1706) [17]
Sophia Juliane von Hohenlohe-Waldenburg-Pfedelbach (1620–1682)
Dorothea von Erbach-Erbach (1593–1643)
Maria von Barby-Mühlingen (1563–1619)
Maria von Anhalt-Zerbst (1538–1563)
Margaretha von Brandenburg (1511–1577)
Elisabeth von Dänemark (1485–1555)
Christina von Sachsen (1461–1521)
Elisabeth von Bayern-München (1443–1484)
Anna von Braunschweig-Grubenhagen (ca.1414–1474)
Elisabeth von Braunschweig-Göttingen (ca.1389–nach 1444)
Margarete von Berg (1364–1442)
Anna von der Pfalz (1346–1408)
Beatrice von Sizilien (1326–1365)
Elisabeth von Kärnten (1298–nach 1347)

---

[16] https://www.genealogieonline.nl/de/genealogie-richard-remme/I9214.php
https://familypedia.wikia.org/wiki/Katharina_Polyxena_zu_Solms-R%C3%B6delheim-R%C3%B6delheim...
[17] familypedia.wikia.org/wiki/...

Euphemia von Liegnitz (ca.1278–1347)
Elisabeth von Posen (ca.1262–1304)
Ilona von Ungarn (1244–1303) *[familypedia.wikia.org]* ODER Yolanda
von Polen (1235–1298) *[Wikipedia, englisch]*
Maria Laskarina (ca.1206–1270)
Anna Komnene Angelina (ca. 1176–1212)
Euphrosyne Doukaina Kamatera (ca. 1155–1211), Byzanz
(fast) älteste Ahnin von Kaiser Franz Josef von Österreich und Viktor
Emanuel III. von Italien. (Regenten 1914)

Éléonore Desmier d'Olbreuse

Éléonore Desmier d'Olbreuse
Jacquette Poussard du Bas-Vandré et de Saint-Marc
Susanna Gaillard De St Dizant [18]
Jacquette de L'isle (+1610) [19]

Prinz Eugen von Savoyen

Sein Vater starb jung in Unna, er selbst ist in Paris geboren.
Kardinal Mazarin (1602–1661) war sein Großonkel. Über
seinen Vater hat er Garsenda von Sabran (1180–ca. 1257) zur
Ahnin (Kekulé-Nr. 165805). Es läuft via Ahnennummern 2,
5, 10, 20, 40, 81, 161, 323, 647, 1295, 2590, 5181, 10362, 20725,
41451, 82902, 165805. (Nr. 20724 ist der englische König
Heinrich III.). Mir war der große Erfolg Eugens schon immer
suspekt. Er übertreibt extrem die Ausbreitung Österreichs in
den slawischen (und italienischen?) Raum. Dabei werden
deutsche Gebiete am Rhein vernachläßigt. Die drei Kaiser
Leopold I., Joseph I. und Karl VI. hat er wohl im Griff. Spielt
Prinz Eugen im Grunde nicht Austria in die Hände? Denn
das später erworbene Bosnien beendet 1918 die Monarchie.

---

[18] https://www.geni.com/people/Susanne-Gaillard/
[19] https://www.geni.com/people/Jacquette-de-L-Isle/

Ursprung und Nadelöhr

„Nadelöhr" Anna von Böhmen und Ungarn

Anna von Böhmen und Ungarn, von Hans Maler zu Schwaz,
1519, Museo Thyssen-Bornemisza, Saal 9, 275, 1937.2, sw

Auf dem Gemälde ist sie 16 Jahre alt. Ein weiteres Gemälde
zeigt sie im Alter von 41 Jahren. Dort sieht sie vom Leben
gezeichnet aus. Ob es am Tod des Bruders hängt?

Anna Jagiello von Böhmen und Ungarn (* 1503 in Buda; † 1547 in Prag) war Ehefrau von Ferdinand I., dem späteren Kaiser des Heiligen Römischen Reiches. Über diese Frau *Anna von Böhmen und Ungarn* laufen ALLE heute noch Lebenden Linien der Garsenda. Andere mütterliche Linien zuvor waren ausgestorben. Nach Anna sterben ebenfalls Zweige aus, und nur von der Tochter Maria (1531-81), Herzogin von Jülich-Cleve-Berg existiert die weibliche Linie bis heute. Die anderen sterben grob gesagt um 1800 aus.

Maternale Linie von Anna bis Garsenda

Die Vorfahrinnen von ihr im Frauenstamm sind:
Anne von Foix-Candale (1484–1506)
Catherine von Foix, Gräfin Candale (1455–vor 1494)
Eleanor von Navarra (1426–1479)
Blanche I von Navarra (1387–1441)
Eleanor von Kastilien, Königin von Navarra (1363–1416)
Juana Manuel (1339–1381)
Blanca de la Cerda y Lara (1317–1347)
Juana Núñez de Lara (1286–1351)
Teresa Díaz de Haro (vor 1254)
Constance de Béarn (Gatte: Diego López III de Haro)
Garsenda de Provenza (Gatte: Guillem II de Montcada)
Garsenda, Gräfin Forcalquier (ca. 1180–ca. 1242), die Dichterin (Gatte: Alfonso II, Graf der Provence)
Garsenda Forcalquier (ca. 1160 †vor 1193) (Gatte: Rainou von Sabran)
Adélaïde de Béziers (oder auch: Adélaïde Trencavel) (Gatte: Guillaume IV de Provence, bzw. II de Forcalquier) (nur auf französischer Wikipedia)
Ab hier wird es unsicher:
Saura, Viscountess von Carcassonne (Gatte: Raymond I Trencavel) und endet nach weiteren Unsicherheiten im 9. Jahrhundert angeblich in Autun und Reims.

Große Frauen

Queen Victoria von England

Victoria – Princess Alexandrina Victoria von Kent – (* 24. Mai 1819 im Kensington Palace, London; † 22. Januar 1901 in Osborne House, Isle von Wight) war von 1837 bis 1901 Königin des Vereinigten Königreichs Großbritannien und Irland. Ab dem 1. Mai 1876 trug sie als erste britische Monarchin zusätzlich den Titel „Kaiserin von Indien".

Die Vorfahrinnen von ihr im Frauenstamm sind:
Victoria von Sachsen-Coburg-Saalfeld (1786–1861)
Augusta Reuß von Ebersdorf (1757–1831)
Karoline Ernestine von Erbach-Schönberg (1727–1796)
Ferdinande Henriette, Gräfin Stolberg-Gedern (1699–1750)
Christine von Mecklenburg-Güstrow (1663–1749)
Magdalena Sibylla von Holstein-Gottorp (1631–1719)
Marie Elisabeth von Sachsen (1610–1684)
Magdalene Sibylle von Preußen (1586–1659)
Marie Eleonore von Jülich-Kleve-Berg (1550–1608)
Maria von Österreich, von Jülich-Kleve-Berg (1531–1581)
Anna von Böhmen und Ungarn (1503–1547)

Beim deutschen Kaiser Wilhelm II. (1859–1941) hat Anna von Böhmen und Ungarn die Kekulé-Nr. 2 hoch 14 minus 1. Bei ihm hat sie allerdings noch weitere Nummern, weil die Frau auch über weitere Vorfahren (Inzucht) seine Ahnin ist. Garsenda von Sabran (ca. 1180 – ca. 1242/1257) wiederum hat bei ihm die Kekulé-Nr. 2 hoch 26 minus 1 sowie die weiteren, die teils über paternale Linien laufen. Die Zweier-Potenz minus 1 ist die mütterlich<u>ste</u> Ahnenreihe. (Genaueres zu des Wilhelm II. Ahnen weiter unten im Buch.)

Alle Garsenda-Siegel ab hier bedeuten:
„Anna von Böhmen und Ungarn ist ebenfalls Vorfahrin."

Queen Victoria, 1819–1901, von Bassano, 1882. Glaskopie negativ, Halbplatte, Scan aus Buch 'The National Portrait Gallery History of the Kings and Queens of England' von David Williamson, Seite 153, National Portrait Gallery: NPG x95802

Auch der Vater von Victorias Ehemann Albert von Sachsen-Coburg und Gotha (1819–1861) hat Garsenda maternal. Albert hat nur einen Bruder, kinderlos, und keine Schwester.

Zarin Katharina die Große

Ihre maternale Ahnenreihe lautet:
Joanna Elisabeth von Holstein-Gottorp (1712–1760)
Albertina Frederica von Baden-Durlach (1682–1755)
Augusta Marie von Holstein-Gottorp (1649–1728)
Marie Elisabeth von Sachsen (1610–1684)
Weiter zurück siehe unter Queen Victoria

*Zarin Katharina die Große, von Johann Baptist Lampi der Ältere
um 1780, Kunsthistorisches Museum Wien, GG 7131,
Alter Kaiserlicher Besitz; Hofburg,* sw

Noch etwas mehr Garsenda bei der Zarin

Ihre Urgroßmutter Sophie Augusta von Holstein-Gottorp (Nr. 9) und ihr Urgroßvater Christian Albert, Herzog von Holstein-Gottorp (Nr. 12) haben zur Urururgroßmutter auf der mütterlichsten Linie Anna von Böhmen und Ungarn und damit auf der mütterlichsten Linie Garsenda.

Christina von Schweden (1626–1689)

Ihre mütterlichen Ahnen sind:
Maria Eleonora von Brandenburg (1599–1655)
Anna von Preußen (1576–1625)
Marie Eleonore von Jülich-Kleve-Berg (1550–1608)
Weiter zurück siehe unter Queen Victoria

Königin Christina von Schweden, von Sébastien Bourdon
Nationalmuseum Stockholm, 1653, NM 1072, **sw, Ausschnitt**

Maria Theresia (1717–1780), väterlicherseits

Bei Maria Theresia, Königin, verheiratet mit König Stephan von Lothringen, ist zwar nicht die mütterlichste Linie „Garsenda", jedoch hat der Vater Karl VI. (+1740), mit dem die Habsburger aussterben, sowohl vom Vater Leopold I., als auch von der Mutter Eleonore Magdalene von Neuburg die Stammlinie mütterlicherseits. Alle vier Urgroßeltern (Nr. 8 bis 11) haben Garsenda als Vorfahrin, über Ferdinand III. sogar doppelt via dessen Vater Ferdinand II. Ihre maternale Linie läuft über Christine Friederike von Württemberg.

Maria Theresia, Königin, von Martin van Meytens, 1759, Akademie der bildenden Künste, Wien, **sw, Ausschnitt**

1618, 1914

Ferdinand II., Kaiser HRR (+1637)

Kaiser Ferdinand II. (1578 – 1637) von Georg Pachmann, etwa
1635, Kunsthistorisches Museum Wien, GG 3115, **sw,**
Ausschnitt

Seine mütterliche Linie ist:
Maria Anna von Bayern (1551–1608)
Anna von Österreich (1528–1590)
Anna von Böhmen und Ungarn (1503–1547)

Sein Vater Karl - Garsenda

Die mütterliche Linie seines Vaters Erzherzog Karl II. von
Österreich (1540–1590) ist:
Anna von Böhmen und Ungarn (1503–1547)

Er ist ein Urgroßvater des Sonnenkönigs Ludwig XIV.

Herzog Karl II. von der Steiermark, Erzherzog von Österreich,
(1540-1590), Anonymer Maler, Duque Carlos II de Estiria,
Archiduque de Austria. Hijo del Emperador del Sacro Imperio
Romano Germánico Fernando I y de Ana Jagellón de Hungría y
Bohemia, hija de Vladislao II, rey de Hungría y Bohemia, 1569,
Kunsthistorisches Museum, Wien, GG 9316, **sw =**
schwarzweiß, Original farbig, Ausschnitt

Ferdinands Ehefrauen – auch Garsenda

Ferdinands II. erste Ehefrau ist Maria Anna von Bayern (1574–1616). Deren Mutter ist Renate von Lothringen; hier geht es nicht in den Garsenda-Zweig. Allerdings läuft es über ihren Vater Wilhelm V. (1548–1626), Herzog von Bayern. Dessen Mutter ist Anna von Österreich (1528–1590). Sie ist Tochter von Anna von Böhmen und Ungarn.

Die zweite Ehefrau ist Eleonora Gonzaga (1598–1655). Deren Mutter ist Eleanor de' Medici (1567–1611). Deren Mutter wiederum ist Johanna von Österreich, Großherzogin der Toskana (1547–1578), die jüngste Tochter der Anna von Böhmen und Ungarn, bei der die Mutter im Kindbett stirbt.

Die zweite Ehefrau ist entscheidender. Denn erstens greift Ferdinand II. unter ihr in den 30jährigen Krieg ein. Und zweitens hat sie – im Gegensatz zur ersten Ehefrau – Anna v.B.u.U. und Garsenda sogar in der mütterlichsten Linie.

Maria Anna von Bayern
von Joseph Heinz
Eleonora Gonzaga
von Justus Sustermans
Kunsthistorisches Museum, Wien, sw, **Ausschnitt**
GG 3133
GG 1734

Wilhelm II. (1859–1941), Kaiser 1888–1918

Kopf- und Schulterporträt von Kaiser Wilhelm II. von Hoffotograf T. H. Voigt aus Frankfurt, 1902.
Collection of the 5th Earl of Lonsdale relating to the Court of the German Kaiser Wilhelm II, the Imperial German Army and the Imperial German Navy 1890–1914

Seine mütterliche Linie ist:
Victoria von Großbritannien und Irland (1840–1901)
Queen Victoria (1819–1901) [Kekulé-Nr. 2 hoch 3 minus 1]
Weiter zurück siehe unter Queen Victoria

Wilhelm II. – ein bißchen mehr Garsenda

Nicht nur die mütterlichste Linie von Wilhelm II. läuft auf Garsenda hinaus. Es gibt noch andere Anteile, die allerdings nicht (wie bisher schon dargestellt) über die Großmutter väterlicherseits laufen, sondern nochmal andere sind.

Bei Wilhelm II. ist es so, daß seine Großmutter Victoria (1837 –1901) eine Cousine ihres Ehemanns Prinz Albert von Sachsen-Coburg-Gotha war, also seinem Großvater.

Der Vater des Prinzen (also Kekulé-Nr. 12 bei Wilhelm II.) und die Mutter von Königin Victoria (also Kekulé-Nr. 15) waren Geschwister. Beider Mutter (Nr. 25 und Nr. 31) ist Gräfin Augusta Reuß von Ebersdorf. Diese Frau „endet" bekanntlich bei Garsenda in der mütterlichsten Linie.

Schaut man sich den Vater von Wilhelm II. an, nämlich Friedrich III., so stellt man fest, daß Friedrichs Urgroßvater (Wilhelms II. Kekulé-Nr. 22, Friedrichs Nr. 14) Paul I., Zar von Rußland, ist. Und dessen Mutter, Zarin Katharina d. Gr. ist bekanntlich auf ihrer mütterlichsten Linie von Garsenda abstämmig. (Die mütterlichste Linie von Friedrich III. kommt bekanntlich auch aus Frankreich via d'Olbreuse.)

Bei Wilhelm I. findet sich keinerlei Abkunft von Garsenda.

Weil Wilhelm II. auch Zarin Katharina die Große zur Vorfahrin über seinen Vater Friedrich III. hat, gibt es weitere Anteile Garsenda.

Anna von Böhmen und Ungarn ist bei Wilhelm II. UND bei Ferdinand II. die heiße Spur. Denn beider maternaler Stamm geht nicht über die gleiche Tochter, sondern via Maria (*1531) bei Wilhelm und via Anna (*1528) bei Ferdinand II. Sonst hätte man nach einem weiteren Trauma sehen müssen.

Augusta Victoria v Schleswig-Holstein (1858–1921)

Kaiserin Auguste Victoria (1858-1921), Bundesarchiv, Bild 102-01286, Fotograf unbekannt, Jahr 1913, CC-BY-SA 3.0 DE, Liz. u. Creative Commons Attribution-ShareAlike 3.0 Germany (20.6.2014), Aktuelle-Bilder-Centrale, Georg Pahl (Bild 102)

Die erste Ehefrau von Kaiser Wilhelm II. (+1941), Kaiserin, hat folgende mütterliche Linie:
Adelheid von Hohenlohe-Langenburg (1835–1900)
Feodora von Leiningen (1807–1860), Halbschwester von Queen Victoria (1819–1901), folgende gleiche Mutter:
Victoria von Sachsen-Coburg-Saalfeld (1786–1861)
Weiter zurück siehe unter Queen Victoria

Kaiserkinder und 1932

Kronprinz Wilhelm (1882–1951) – Kandidatur

*Wilhelm, Kronprinz von Deutschland, circa 1933,
ID cph.3c22369, US-amerikanische Library of Congress*

Er will auf das Amt Reichspräsident 1932 kandidieren, was ihm vom Vater, Ex-Kaiser Wilhelm II., untersagt wird. Als er im 1. Weltkrieg französische Kinder zu einer Fete einlädt, nennen ihn einige französische Militärs den „Clownprinz". Am Ende des 2. Weltkriegs wird er unsanft behandelt. Dann ist da noch Joseph Goebbels, der ihn übel tituliert. [20] Das waren wohl total enthemmte Zeiten, mit wem im Rücken?

August Wilhelm (1887–1949) – Wahlkampf

Ansichtskarte von August Wilhelm von Preußen 1887–1949, Selle-Kuntze-Niederastroth - German Historical Museum, ca. 1905, **Ausschnitt**

Er begleitet Hitler im Flugzeug beim Wahlkampf 1932, redet für seine Partei in Berlin und sammelt später mit einer Büchse für das Winterhilfswerk.

---

[20] Vergleiche Dokumentation „ZDF-History – Kaiserkinder" von 2015

Ehefrauen und Ehemann von Wilhelms II. Kinder

Schauen wir uns die Ehefrauen und den Ehemann der sechs Kinder von Wilhelm II. und Auguste Victoria an.

Kronprinz Wilhelm, verheiratet mit
Cecilie von Mecklenburg-Schwerin
Deren mütterlichste Linie endet in Wikipedia bei:
Philippine Henriette von Hohenlohe (1679–1751)
Und letztendlich:
Euphrosyne Doukaina Kamatera (ca. 1155–1211), Byzanz

Prinz Eitel Friedrich, verheiratet mit
Sophia Charlotte von Oldenburg
Deren mütterlichste Linie endet in Wikipedia bei:
Katharina Polyxena zu Solms-Rödelheim
Und letztendlich:
Adélaïde d' Ettendorf (geb. ca. 1250)

Prinz Adalbert (Admiral), verheiratet mit
Adelaide von Sachsen-Meiningen
Deren mütterlichste Linie endet im Internet bei:
Mathilde Halbach (Urgroßmutter)

Prinz August Wilhelm, verheiratet mit
Alexandra Victoria von Schleswig-Holstein-Sonderburg-Glücksburg;
Deren mütterlichste Linie und Urmutter:
Karoline Mathilde von Schleswig-Holstein-Sonderburg-Augustenburg
Adelheid von Hohenlohe-Langenburg
Feodora von Leiningen
Victoria von Sachsen-Coburg-Saalfeld
Augusta Reuß von Ebersdorf usw. und schließlich
Garsenda, Gräfin Forcalquier (1180–1242/57)

Prinz Oskar, verheiratet mit
Ina Marie von Bassewitz;
Deren mütterlichste Linie endet im Internet bei:
Margarethe von der Schulenburg (1864–1940) (Mutter) [21]
Sophie Pauline von der Schulenburg
Cäcilie Pauline Rosalie Marie Freiin von Maltzahn (Freiin von
Maltzahn, Gräfin von Plessen)
Cäcilie Wilhelmine Adelheid von Rauch (geb. 1795)

Prinz Joachim, verheiratet mit
Marie-Auguste von Anhalt
Deren mütterlichste Linie endet in Wikipedia bei:
Philippine Henriette von Hohenlohe (1679–1751)
Und letztendlich:
Euphrosyne Doukaina Kamatera (ca. 1155–1211), Byzanz

Prinzessin Victoria Luise, verheiratet mit
Ernst August, Herzog von Braunschweig
Dessen (fast) älteste (nachweisbare) Ahnin ist auf mütterlichster
Linie:
Anna von Schaunberg

Wie bereits erwähnt stammt dieser Zweig maternal von
Maria von Österreich (1531–1581), durch Heirat Herzogin
von Jülich, Kleve und Berg, ab. Es lohnt sich, sie, ihren Mann
Wilhelm V. (1516–1592) und ihre Tochter Marie Eleonore
mal im Internet anzuschauen. Wirken die Gesichter düster?
1540 gab Wilhelm seine Schwester an Heinrich VIII. von England.
In erster Ehe war er mit Johanna III. von Navarra verheiratet.

---

[21] https://www.geni.com/people/Marie-C%C3%A4cilie-Hedwig-
Sophie-Pauline-von-Maltzahn/6000000016242139860Marie Cäcilie
Hedwig

Garsenda maternal bei „AuWi"s Ehefrau

Prinzessin Alexandra Victoria von Schleswig-Holstein-Sonderburg-Glücksburg, deutsche Postkarte von Photochemie Berlin, Ø 2186, ca. 1910, Urheber Ernst Sandau (1880–1918),
Ausschnitt

Während Prinz August Wilhelm doppelt von Vater Kaiser Wilhelm II. und von der Mutter Auguste Victoria die Garsenda als Urmutter hat, ist es bei der Ehefrau Alexandra Victoria von Schleswig-Holstein-Sonderburg-Glücksburg (nur) die mütterlichste Seite.

Der Sohn des Paares, Alexander Ferdinand, der im Juni 1985 in Wiesbaden stirbt, ist also 3x mit Garsenda belegt (abgesehen von den zusätzlichen, kleineren Anteilen).

Er wiederum hatte einen Sohn (1939–1993), der eine Tochter hat, die Amadi Mbaraka Bao (geboren 1958 in Tansania) heiratet und mit ihm 4 Kinder zeugt.

Porträtpostkarte mit Prinz August Wilhelm von Preußen sitzend
mit seinem Sohn Alexander Ferdinand von Preußen (26.
Dezember 1912 – 12. Juni 1985) auf den Knien. Ca. 1916
Von Rudolf Dührkoop und seiner Tochter

Charles Edward

Herzog und Herzogin v. Sachsen-Coburg u. Gotha, 11.10.1905.
Portrait von Franz Langhammer – Bild wurde von Wikimedia
Commons vom Deutschen Bundesarchiv im Rahmen eines
Kooperationsprojekts zur Verfügung gestellt. 146-2007-0193 /
CC-BY-SA (15.8.2012)

Es sind die Großeltern mütterlicherseits des schwedischen
Königs Carl XVI. Gustav.

„Er" väterlicherseits Garsenda – Chef Rotes Kreuz

Charles Edward (1884–1954) ist der jüngste Enkel von
Queen Victoria, und zwar über den jüngsten Sohn der

britischen Königin, der in Südfrankreich früh wegen einer Verletzung starb. Charles Edward, in England geboren, hat Garsenda also über seinen Vater. Er war Chef des Roten Kreuzes 1933-1945 in Deutschland, Obergruppenführer der SA sowie des Nationalsozialistischen Fliegerkorps.

Seine Frau auf der mütterlichen Seite Garsenda

Charles Edward wurde verheiratet mit Victoria Adelaide von Schleswig-Holstein (1885–1970). Sie hat auf ihrer mütterlichsten Seite Garsenda. Mutter ist Karoline Mathilde von Schleswig-Holstein-Sonderburg-Augustenburg (1860–1932). Es ist die gleiche Mutter wie die der ersten Frau von Kaiserkind August Wilhelm (1887–1949).

mtDNA – Prinz Philip, Zar, Garsenda

Um die Leichen der Zarenfamilie, 1918 erschossen, zu identifizieren, wurde sich u.a. an Prinz Philip (1921–2021) gewandt. Zar Nikolaus' II. Frau Alexandra (Alix) aus dem Haus von Hessen-Darmstadt hat wie Prinz Philip die Garsenda und die Anna in der maternalen Linie und damit wohl die gleiche mtDNA, also mitochondriale DNA.
Seine DNA konnte für die Zarin und deren Kinder benutzt werden. Das ist klar. Aber:
Für den Zaren wurde eine andere Verwandte benutzt, weil die maternale Linie von Nikolaus II. nicht über Garsenda, sondern über Louise von Hessen-Kassel läuft. Die gleiche maternale Linie hat Xenia Cheremeteff-Sfiri. [22]

---

[22] : www.strbase.nist.gov (Seite 106 von 140)

Sonnenkönig, Vater und Urenkel

Sein Vater Ludwig XIII.

Seine mütterliche Linie ist:
Marie de Medici (1575–1642)
Joanna von Österreich, von Toskana (1547–1578)
Anna von Böhmen und Ungarn (1503–1547)

Louis XIII, von Philippe de Champaigne, 1635, Museo del Prado, Madrid , P002240, **sw, Ausschnitt**

Die Linie im Mannesstamm seines Sohnes Ludwig XIV. existiert bis heute in Spanien. In Frankreich geht es mit anderen Kapetingern weiter.

Ludwig XIV.

*Porträt von Louis XIV, von Hyacinthe Rigaud, 1701, Louvre ,
Raum 916, INV 7492,* **sw, Ausschnitt**

Eltern Ferdinands II. sind Ludwigs XIV. Urgroßeltern.

Des Sonnenkönigs mütterliche Linie ist:
Anne von Österreich (1601–1666)
Margaret von Österreich, Königin von Spanien (1584–1611)
Maria Anna von Bayern (1551–1608)
Anna von Österreich (1528–1590)
Anna von Böhmen und Ungarn (1503–1547)

Er gewinnt erste und viele Teile des Elsaß, die Freigrafschaft um Besançon, Charolles, Orange, Barcelonette, Vieles bis Lille und Dunkerque sowie kleinere Landstriche zwischen Metz und Givet. Von Spanien holt er Perpignan. Zum Plan der Reunion gehörten auch Köln und Mainz.

Maternal (und weitere Linien) Garsenda haben auch die Ehefrau und die Frauen der beiden Dauphins: Maria Teresa von Spanien (1638–1683), Maria Anna Victoria von Bayern (1660–1690), Maria Adelaide von Savoyen (1685–1712).

Sein Urenkel Ludwig XV.

Seine mütterliche Linie ist:
Marie Adélaïde von Savoyen (1685–1712)
Anne Marie d'Orléans (1669–1728)
Henrietta von England (1644–1670)
Henrietta Maria von Frankreich (1609–1669)
Marie de Medici (1575–1642)
Joanna von Österreich, von Toskana (1547–1578)
Anna von Böhmen und Ungarn (1503–1547)

Folgende Urgroßeltern haben mindestens **maternal** Anna v. Böhmen und Ungarn zur Ahnin: Kekulé-Nr. 8,9,11,12,14,15. Nr. 10 läuft auf Maria Anna von Bayern (1574–1616), hat (nicht maternal) Garsenda. Einzig Nr. 13 ist ohne Garsenda.

Er vergrößert Frankreich u.a. um Lothringen und Korsika.

Louis XV, von Maurice-Quentin de La Tour, 1748, Louvre, Paris, Département des Arts graphiques ; Sully II, Epi 5, Fonds des dessins et miniatures, INV 27615, Recto, sw

Auf der französischen Seite läuft es wie geschmiert. Er wird sogar über das Ziel hinausgeschossen. Auf der deutschen Seite kommt genau das Gegenteil heraus.

Habsburgs Ende

Leopold I. (+1705) – Konstellation wie Wilhelm II.

Seine mütterliche Linie ist:
Maria Anna von Spanien (1606–1646)
Margaret von Österreich, Königin von Spanien (1584–1611)
Weiter zurück siehe unter Ludwig XIV.

Zu Leopold I. gehört u.a.: (Zusammenhang?)
- Türkische Belagerung Wiens (Flucht nach Innsbruck)
- Pfälzischer Erbfolgekrieg durch Ludwig XIV.

Kaiser Leopold I. (+1705) hat die gleiche Konstellation in etwa wie Kaiser Wilhelm II. (+1941): Neben der Mutterlinie; weitere kleinere Anteile Garsenda+Anna; zudem über die Ehefrau. Auch Leopold verläßt sich sehr auf seine Berater.

Joseph I. (+1711) und Karl VI. (+1740) – die Letzten

Die mütterliche Linie der beiden Brüder ist:
Eleonore Magdalene von Neuburg (1655–1720)
Elisabeth Amalie von Hessen-Darmstadt (1635–1709)
Sophia Eleonore von Sachsen (1609–1671)
Magdalene Sibylle von Preußen (1586–1659)
Weiter zurück siehe unter Queen Victoria

Jeweils:

Beim Tod Karls VI. war Österreich gedemütigt und politisch isoliert. (Hans Schmidt: Karl VI. 1711–1740. In: Die Kaiser der Neuzeit 1519-1918. Heiliges römisches Reich, Österreich,

Deutschland, München 1990, S. 214.) Einige Kriege gingen
verloren, wie der Spanische Erbfolgekrieg 1701–1714.

*Kaiser Karl VI. im Ornat als Großmeister des Ordens vom
Goldenen Vlies, Gemälde von Johann Gottfried Auerbach, ca.
1730, Hofburg, Schatzkammer Wien,* sw, **Ausschnitt**

1914 zu 1945? – Eigene Fragen

Innenpolitische Vorteile nach 1945, für wen?

Nach 1. Weltkrieg: Kaiserreich Österreich-Ungarn passé.
Um 1920 Plan: nach 2. Weltkrieg auch Preußen auflösen?
- Bayern kann zur stärksten Macht innerhalb des heutigen Deutschlands aufsteigen. Österreich & die Pfalz helfen?
- Niederrhein u.a. erlangen ihre Unabhängigkeit wieder.
- Die DAP und die NSDAP sind in München entstanden.
- Kurz vor Machtergreifung Treffen Hitler und von Papen in Köln beim Hamburger Bankier v. Schröder.

Aufhebung der Stände – Vorbild Frankreich, USA?

Außenpolitische Vorteile nach 1945, für wen?

Fest steht zumindest, daß die zwei Großmächte USA und UdSSR die Zügel übernommen hatten. Hat das 3. Reich die Sowjetunion nur deshalb angegriffen, um nicht allein von den Westmächten besetzt zu werden? England verliert nach dem 1. Weltkrieg einen Teil Irlands und nach dem 2. Weltkrieg Indien. *Wird mit 3. Reich Fehler 1914 abgeschwächt?*

Hilfloses Konstrukt: Garsenda und Hanfstaengl

War Ernst II. von Sachsen-Coburg und Gotha (1818–1893) Taufpate Ernst Franz Sedgwick Hanfstaengl's (1887–1975)? (Wikipedia engl.;beim Herzog nicht erwähnt). Hanfstaengls Großvater war Portraitist in Coburg. Des Herzogs Vater hat maternal Garsenda. Heinrich Himmlers Taufpate war Prinz Heinrich von Bayern (+1916), Nachfahre Maria Theresia's. Zu weit hergeholt! Achtung: Bei Hanfstaengl ohne Quelle!

Garsenda - mütterlichste Linie [23]

Herrscherinnen, Ehefrauen der Herrscher

Juana Manuel, Königs Gemahlin von Kastilien, 1339–1381
Eleanor, Königs Gemahlin von Navarra, nach 1363–1416
Blanche I, Regier. Königin von Navarra, 1387–1441
Blanche II, Regier. Königin von Navarra, 1424–1464
Eleanor, Regier. Königin von Navarra, 1425–1479
Anne, Königs Gemahlin von Frankreich, 1477–1514
Anne, Königs Gemahlin von Böhmen und Ungarn, 1503–1547 (Frau von Ferdinand I. HRR)
Claude, Königs Gemahlin von Frankreich, 1499–1524
Madeleine, Königs Gemahlin von Schottland, 1520–1537
Anna, Ehefrau von Matthias HRR, 1585–1618
Elisabeth, Königs Gemahlin von Polen, 1526–1545
Catherine, Königs Gemahlin von Polen, 1533–1572
Margaret, Königs Gemahlin von Spanien, 1584–1611
Anne, Königs Gemahlin von Polen, 1573–1598
Constance, Königs Gemahlin von Polen, 1588–1631
Maria Anna, HRR Frau von Ferdinand III. HRR, 1606–1646
Anne, Ehefrau von Louis XIII, Frankreich, 1601–1666
Mariana, Königs Gemahlin von Spanien, 1634–1696
Marie de Medici, Königs Gemahlin Frankreich, 1575–1642
M. Eleonora, Königs Gemahlin von Schweden, 1599–1655
Christina, Regier. Königin von Schweden, 1626–1689
Henrietta, Königs Gemahlin England+Schottland, 1609–69
Elisabeth Regierende Königin von Spanien
Maria Theresia, Ehefrau von Ludwig XIV. 1638–1683
Margaret Theresia, Ehefrau Leopolds I HRR, 1651–1673

---

[23] Wikipedia und YouTube Video Matt Baker u.a. // Es gibt noch wesentlich mehr Adelige mit Garsenda (und Anna). **Hier sind nur die abgebildet, die sie mindestens auf ihrer mütterlichsten Linie haben.**

Claudia Felicitas, H.R. Kaiserin, 1653–1676
Marie Louise, Königs Gemahlin von Spanien, 1662–1689
Anne Marie, Kön. Gemahlin Sizilien/Sardinien 1669–1728
H. Eleonora, Königs Gemahlin von Schweden 1636–1715
Eleonore Magdalene, Ehefrau Leopolds I HRR 1640–1705
Maria Anna, Königs Gemahlin von Spanien, 1667–1740
Maria Sophia, Königs Gemahlin von Portugal, 1666–1699
Maria Luisa, Königs Gemahlin von Spanien, 1688–1714
Elisabeth, Königs Gemahlin von Spanien, 1709–1742
Maria Anna, Königs Gemahlin von Portugal, 1683–1754
(Schwester der letzten beiden Habsburger Brüder)
Barbara, Königs Gemahlin von Spanien, 1711–1758
Ana Victoria, Königs Gemahlin von Portugal, 1718–1781
Antonia, Königs Gemahlin von Sardinien, 1729–1785
Maria I, Regier. Königin von Portugal, 1734–1816
Katharina die Große, 1729–1796, Regierende Zarin
Victoria, Queen UK, Kaiserin von Indien, 1819–1901
Victoria, Gemahlin des Kaisers, Deutschland 1840–1901
Sophia, Königs Gemahlin von Griechenland 1870–1932
(Schwester von Wilhelm II.)
Helene, Königin-Mutter von Rumänien, 1896–1982
Alexandra, Gemahlin des Zaren von Rußland 1872–1918
Louise, Königs Gemahlin von Schweden 1889–1965
Augusta Victoria von Schleswig-Holstein (Gemahlin des
Kaisers, Deutschland, Ehefrau von Wilhelm II.) 1858–1921
**Sofia, Königs Gemahlin von Spanien, *1938 (Urenkelin
von Wilhelm II. / Maternal via Ehefrau Wilhelms)**

Herrscher, Ehemänner der Herrscherinnen

Johann I, König von Kastilien, 1358–1390
Karl IV, König von Navarra, 1332–1387
Ludwig II, König von Böhmen und Ungarn, 1506–1526
Henry II, König von Frankreich (Frauenstamm stirbt nach 4
Generationen aus), 1519–1559 (Unfall bei Turnier)

Maximilian II. HRR, 1527–1576
Ferdinand II, HRR, 1578–1637
Leopold I. HRR, 1640–1705
Louis XIII König von Frankreich, 1601–1643
Louis XIV. Sonnenkönig, Frankreich, 1638–1715
Philipp IV. König von Spanien, 1605–1665
Karl II, König von Spanien, 1661–1700
Karl II, König von England, 1630–1685
James II/VII König von England, 1633–1701
Wilhelm III, Oranien, König England, 1650–1702
Johann II. Casimir, König Polen, 1609–1672
Philipp V, König Spanien, 1683–1746
Louis XV, König von Frankreich, 1710–1774
Karl Emmanuel III, König Sardinien, 1701–1773
Karl Emmanuel IV, König Sardinien, 1751–1819
Viktor Emmanuel I, König von Sardinien, 1759–1824
Johann V, König Portugal, 1689–1750
Ferdinand VI, König Spanien, 1713–1759
Joseph I, König Portugal, 1714–1777
Peter III, Gemahl der Königin, Portugal, 1717–1786
Karl VI, HRR, 1685–1740, letzter Habsburger
Joseph I, HRR, 1678–1711
Karl III, König Spanien, 1716–1788
Karl XI, König von Schweden, 1655–1697
Johann VI, König Portugal, 1767–1826
Wilhelm II, Deutsches Reich, 1859–1941
Alexander, König Griechenland, 1893–1920
George II, König Griechenland, 1890–1947
Paul, König Griechenland, 1901–1964
Constantine II, König Griechenland, *1940
Michael I, König Romania, 1921–2017
**Philip, Gemahl der Königin (Ehemann von Queen
Elizabeth II) 1921–2021**
Carl XVI Gustav. König Schweden, *1946
Felipe VI, König Spanien, *1968

Fazit

Garsenda und Anna angewendet auf ...

Garsenda & Anna + Mann (Frankreich)   = gut?
Garsenda & Anna + Mann (Deutschland)   = schlecht?
Garsenda & Anna + Frau (nicht Deutschland) = gut?
Garsenda & Anna + Frau (Deutschland)   = schlecht?
Personenzahl viel zu gering. Zufall? Andere Gründe?

Garsenda ohne Anna angewendet auf ...

Frankreichs **König Heinrich II.** (+1559) wird bei einem
Turnier von seinem Gegner Montgomery so stark im Gesicht
verletzt, daß er qualvoll stirbt. Seine Mutter Claudia ist eine
Nachfahrin der Garsenda, aber nicht der Anna von Böhmen
und Ungarn. Heinrichs 4 Söhne sterben sehr früh.
Erstaunlich, daß es auch im Deutschen Reich und in England
damals schlecht mit dem Nachwuchs aussieht:
Kaiser Maximilian II. hat mit seiner spanischen Cousine 6
Buben, 6 Mädels (und 6 Kinder, die früh sterben). Er hat
keinen einzigen legitimen Enkel.
Heinrich VIII. von England hat mit 6 Frauen keinen Sohn,
der erwachsen wird. Heinrichs maternale Linie läuft über
Jeanne de Sabran (14. Jh.). Deren maternale Großmutter ist
Isabella Acquaviva in Italien.
Anderer Grund: Fluch der Neuen Welt? (zu prüfen wären
die Herrscher in Spanien und Portugal)

Rolle der internationalen Berater in Wien

Das Thema wurde hier nicht diskutiert. Aber sind Berater
aus ganzem Herzen beim Land des Kaisers? Eine der
Beraterfamilien ist 1628 (+), 1669, 1914 (Auto) festzumachen.
Mein Diplom machte ich bei einem Vertreter dieser Familie.

300er Jahre Rhythmus in Deutschland

Wie sieht es mit den deutschen Katastrophen aus?
- 1349 Die große Pest
- 1619 Ferdinand II. verlängert den Krieg
- 1914 Wilhelm II. taumelt in den 1. Weltkrieg
- **22XX** Keine Prognose, falls Grund 1618/1914 weg.

Wenn man so wollte, könnte man auch 1033 das Erbe von Burgund noch dazunehmen. Letztendlich war es ein Nachteil für die deutschen Lande. Verloren wurden diese Gebiete über Jahrhunderte, und Freunde auf französischer Seite hat man sich damit nicht gemacht. Aber das Geschenk 1033 ablehnen wäre sicherlich unlogisch gewesen.
Die große Pest um 1349 ist von ganz anderer Kategorie.
Es gibt zwischen 1619 und 1914 ja noch Napoleon. Aber ausgelöst wurde diese Zeit nicht von deutschen Landen.
Ein Auslöser 22XX ist unwahrscheinlich, falls der Grund 1618 (1619) und 1914 geklärt ist.

Vergleich Urmütter Frankreich und Deutschland

Beim Vergleich der Könige Frankreichs ab Henry II. (1519-1559) und der Herrscher des Heiligen Römischen Reiches ab Maximilian II. (1527-1576) fällt auf, daß die mütterlichste Linie der französischen Herrscher mit einer Ausnahme bei Französinnen endet. Im HRR enden sie 8x in Frankreich, 3x in Portugal und wegen 2 Brüdern nur 2x in Deutschland.
Hier könnte interpretiert werden: Wenn es bei nationalem Denken eine Frau aus einer anderen Nation ist, dann sollten alle Kaiser des HRR von Beginn an (um 911 n.Chr.) darauf achten, es sich mit diesen Frauen nicht verscherzt zu haben.
Ja, sogar die mütterlichste Linie der 3 deutschen Kaiser 1870-1918 endet 2x in Frankreich und 1x in Deutschland. Aber ohne Beweis sind die Aussagen unbeholfen o.ä.

Nachschlag

Andere Urmütter, Herrscher und Berater

Diese Gruppen von Adeligen, welche jeweils die gleiche mütterlichste Linie haben, könnten Gemeinsames haben?

Leonor de Alvim	Regiert
Ferdinand III.	HRR deutscher Nation
Matthias	HRR deutscher Nation
Rudolf II.	HRR deutscher Nation
Ferdinand I.	HRR deutscher Nation
Karl V.	HRR deutscher Nation
Mary I	England
Philip III	Spanien

Éléonore Desmier d'Olbreuse	Regiert
Friedrich III.	Deutsches Reich
Friedrich der Große	Preußen
George II.	England
Nikolaus I	Rußland
Alexander I	Rußland

Anna von Schaunberg	Regiert
Nikolaus II	Rußland
George V.	England
George III.	England
George I.	England
Karl I. Stuart	England
Friedrich Wilhelm I	Preußen
Gustav Adolf	Schweden
Christian IV.	Dänemark

Katharina Polyxena Solms-Rödelheim	Regiert
Wilhelm I. & Friedrich Wilhelm IV.	Deutsches Reich
Baudouin & Albert II.	Belgien
Alexander II	Rußland
George VI.	England

Wenn Herrscher nach der Mutterfamilie hießen

Wenn der Name der Herrscher und Herrscherinnen statt vom Vater eben von der Mutter weitergegeben worden wäre, dann hätten z.b. folgende Kaiser/Könige regiert:

Deutscher Kaiser	Zeitraum
Wilhelm II. von Forcalquier	**1888 – 1918**
Friedrich III. von L'isle	1888
Wilhelm I. von Ettendorf	*1871 – 1888*

Belgischer König	Zeitraum
Philippe di Rossana	Seit 2013
Albert II von Ettendorf	*1993 – 2013*
Baudouin von Ettendorf	*1951 – 1993*
Leopold III von Reuß-Köstritz	1934 – 1951
Albert I de Beauharnais	1909 – 1934
Leopold II von Pütelendorf	1865 – 1909
Leopold I von Forcalquier	**1831 – 1865**

Unklar, von welcher Ahnin genau der Name käme.

Anderes Beispiel: 100jähriger Krieg

Zwischen 1337 und 1453 wird Frankreich vom 100jährigen Krieg getroffen. Es sind also die französischen Könige Philipp VI. bis Karl VII. betroffen.

In diesem Heft will ich nur auf die speziellen deutschen Probleme mit dem 30jährigen und dem 1. Weltkrieg eingehen, gerade weil mir diese Auffälligkeit mit Garsenda und Anna ins Auge sticht.

Der 100jährige Krieg zum Nachteil Frankreichs und im Konflikt vor allem mit England ist hier nicht untersucht und kann ganz andere Gründe haben.

Meine mütterlichste Linie: 3x Diegel und Inzucht

003	Liane Erika Hattemer geb. Kolb (*1943)
007	Anna Elisabeth Kolb geb. **Diegel** (1904–1956)
015	Helena **Diegel** geb. Wetzel (1882–1941)
031	Helena Wetzel geb. **Diegel** (1855–1882)
063	Barbara **Diegel** geb. Thomas (28.6.1816–3.7.1888)
127	Dorothea Thomas geb. **Diegel** (1790–1867)
255	Anna Marg. **Diegel** geb. Schöppy (1744–?)

Meine Großmutter spielte in der Gastwirtschaft ihrer Eltern Klavier. Sie starb mit fast 52 Jahren an Gelbfieber. Sie war wegen Herzschwäche ins Spital eingeliefert worden.

Die Urgroßmutter war als Kind im Garten der Kreuznacher Straße 31 (1888er Haus, Pfaffen-Schwabenheim) beim Holen eines Messers hingefallen und hatte sich dabei ein Auge ausgestochen. Sie trug seitdem ein Glasauge. Sie war Halbwaise und sie wurde von der jüngsten Schwester der Mutter und Jakob Köth III. (1850–1904) erzogen.

Die Ururgroßmutter Helena Wetzel geb. Diegel war gleich beim ersten Kind im Kindbett verstorben.

Die Urururgroßmutter Barbara Diegel geb. Thomas wurde in dem Sommer geboren, der kein Sommer war, und zwar wegen eines Vulkanausbruchs am anderen Ende der Welt. Sie starb 1888 im Jack the Ripper Jahr.

4x-Urgroßmutter Anna Margaretha Diegel geb. Schöppy stammte aus Grolsheim und hat (wegen „Inzucht") neben Nr. 255 auch die Ahnennummern 203 und 225.

Die Eltern sind der Grolsheimer Müllermeister Johann Christoph Schöppy (1703–1768) und eine Eleonora Maria (+1754, 43 Jahre alt). Laut Internet ist diese 5x- Urgroßmutter (Nr. 407, 451 und 511) aus Bosenheim und war eine geborene Wallhäuser.

Nebenbei erwähnt stammte Familie Wetzel in Bosenheim wie Zöller aus Wonsheim. (siehe meine anderen Bücher)

Auf der Seite meiner Mutter kommen 90% der Vorfahren bis zum 30jährigen Krieg aus Pfaffen-Schwabenheim (meist protestantisch, ein wenig lutherisch und katholisch). Eine Vorfahrin (2x verheiratet) kommt aus Leiden/NL, Familie aus Hondschoote (Französisch-Flandern). Mannesstamm der Mutter kommt ggf. aus Kanton Bern/CH: Mennoniten.

Auf der Seite meines Vaters kommen 30 bis 40% aus Planig und insgesamt 90% aus der Nordwestecke Rheinhessens (meist katholisch). Die Eltern meiner Großmutter väterlicherseits in Planig (Schröder, Gastwirtschaft und Kolonialwarenhandel) waren Vetter und Base 1. Grades (Ingebrand). Die beiden Mütter meiner Urgroßeltern waren Schwestern (Hemmrich). Über diese Planiger Schröder besteht die Verschwägerung mit dem Botschafter Helmut Wegner (1931-2019), den ich in einem anderen Buch nannte. Ein Verwandter (Schröder) (geb. Planig, gest. Raunheim), den mein Vater noch kannte, weil er immer zur Weinlese erschien, war vor 1914 bereits in Tsingtao. Ebenso war ein Cousin meiner Großtante aus Pfaffen-Schwabenheim dort.

Auf der Seite meiner Mutter sind die Ehepaare im Schnitt Cousin und Cousine 3. Grades. Vor 1800 sieht es anders aus. Da fängt es langsam an, daß Onkel und Nichte oder Tante und Neffe heiraten, allerdings nicht 1. Grades. Vermutlich sind mein Vater und meine Mutter Onkel und Nichte im 13. Grad über die katholische Familie Dörschug.

Meine Ururgroßeltern sind zw. 1825 und 1855 geboren. Die Geburten liegen also 30 Jahre auseinander.
Die Geburten meiner Urururgroßeltern liegen allerdings nur 23 Jahre auseinander. Sie kamen zw. 1793 und 1816 auf die Welt.

Doppelt belegte Herrscher Heilig.Röm.Reich + Frankreich

Herrscher DE/FR	Doppelt belegt (+ ...)	Ereignis
Ferdinand II.	Vater und Mutter auf maternaler Linie Garsenda + Ehefrau	Ab 1619 Eingriff in 30jährigen Krieg
Joseph I.	Vater und Mutter auf maternaler Linie Garsenda +kleinere Anteile	Mannesstamm der Habsburger stirbt aus (verwertbar?)
Karl VI.	Vater und Mutter auf maternaler Linie Garsenda +kleinere Anteile	Mannesstamm der Habsburger stirbt aus (verwertbar?)
Ludwig XIV.	Vater und Mutter auf maternaler Linie Garsenda +kleinere Anteile	Vergrößert Frankreich
Ludwig XV.	Vater und Mutter auf maternaler Linie Garsenda +kleinere Anteile	Vergrößert Frankreich

Einfach belegte Herrscher HRR/2. Dt. Reich + Frankreich

Herrscher	Einfach belegt (+ ...)	Ereignis
Maximilian II.	Maternale Linie Garsenda	Nachteilig ?
Leopold I.	Maternale Linie Garsenda +kleinere Anteile +Ehefrau	Nachteilig ?
Wilhelm II.	Maternale Linie Garsenda +kleinere Anteile +Ehefrau	1914 Eintritt in den 1. Weltkrieg
Ludwig XIII.	Maternale Linie Garsenda	Stärkt Königsmacht

„Garsenda" <u>hier</u> immer auch „Anna von Böhmen und Ungarn"

Ein anderer Fall liegt z.B. bei Kaiser Matthias und Kaiser Ferdinand III. vor. Beide haben Garsenda, aber nicht auf der mütterlichsten Linie, und die Ehefrauen (bei Ferdinand III.: „erste") haben mehrfach diese Frau zur Ahnin, auch auf der mütterlichsten Seite. Entscheidend für den Regierungsstil könnte tatsächlich die maternale Seite des Herrschers sein.

84

Quellen-, Abbildungsverzeichnis

Zu den Quellen:

Fast durchgängig wurden Daten von Wikipedia (englisch, deutsch) benutzt. Falls nicht, dann ist es angeschrieben. Weitere Quellen sind direkt nach dem Text genannt.

Auf maternale Abstammung wurde ich aufmerksam via: Europe's Hidden Matrilineal Dynasty | House of Garsenda You Tube, 16 min 58 sec. CREDITS: Chart/Narration: Matt Baker https://usefulcharts.com/ u.a.

Alfons II Tod 1209 in Palermo, Wikipedia (engl.) gibt an: Smith, Damian J.; Buffery, Helena, eds. (2003). The Book of Deeds of James I of Aragon. Ashgate Publishing.

Not Ludwigs II. bei Mohacs, Wikipedia (dt.) gibt an: Michael Klein: Geschichtsdenken und Ständekritik in apokalyptischer Perspektive. Hamm 2004, S. 101 (PDF, 841 kB [Abruf 20.2.2013] Dissertation an der Fernuni Hagen).

mtDNA, Prinz Philip, Zarin: www.strbase.nist.gov

Zu den Abbildungen:

Quelle steht unter jeweiligem Bild. **Portraits sind mit kleinen Garsenda-Bildern versehen.** Das bedeutet: Außer bei Anna v. Böhmen u. Ungarn selbst, ist auch Anna Ahnin. Die Bereitsteller der Fotos, Gemälde usw. unterstützen nicht die spezielle Verwendung der Bilder in dieser Ausgabe.

Internet-Quellen wurden September 2021 aufgerufen.

Vorschau

Familien in Pfaffen-Schwabenheim (Planig u.a.)

Georg Kolb jun. 1870–1956   *Seine US-amerikan. Frau*
Schiffsmetzger   *Auschnitt, privat*

„Patricia", Postkarte Onkel Georg Kolb an Lina Martin, Privat

„Nara Park", Postkarte von Cousin Emil Brühan (Kaufmann in
Tsingtao, Gymnasium in Wöllstein) an Lina Martin geb. Kolb
Familie Brühan besaß Kolonialwarenhandel, Mühlengasse 5 in
Pfaffen-Schwabenheim, Privat

Lina Martin geb. Kolb (1892–1971), meine Großtante
* in Pfaffen-Schwabenheim, + in Dolgesheim, Ausschnitt, Privat

Aus meinen anderen Bücher u.a.:

Trapez 1: Fulda – Haddamar – Niederhadamar – Langres (F)
Trapez 2: Fulda – Haddamar – Niederhadamar – Rom (I)
Exakt 33 römische Leugen zwischen Fulda und Haddamar
Codes im Hatto-Fenster in Mainz
SAL HATTHO ➔ ATTALOS (~~HH~~) u.a.
Hattuarii und Attoaria = Volksstamm und Gegend um Langres
Andemantunnum lateinisch für Langres ca. wie Hademar
Attalos ➔ Attalus ➔ Hadamar (L ➔ M +1; S ➔ R – 1)

Londoner 4 Straßennamen ➔ Herbert Bismarck, neun, bury
Londoner 3 Frauennamen ➔ Hamilton, Douglas, verschwistert,
Kaiser, nahmst/nachts (+4 Buchstaben Rest) [Motiv für JtR]
600 km, 60 km, 6 km // 93.82° in London und südl. von Bingen:
zwischen 1888er Haus Pfaffen-Schwabenheim (Kreuznacher Str.
31) – Mittelpunkte der Friedhöfe Horrweiler und Gau-Bickelheim
1+8+8+8 km zwischen Bingen und Lonsheim bei Alzey
LONsheim (DONnersberg) bis Kaiser-Friedrich-Turm in Bingen

Cover-Vorderseite:
Portraits von verschiedenen Personen werden auch im Buch verwendet
und sind dort genauer beschrieben.

Cover-Rückseite, Ausschnitte von:
Adam Perelle, Veüe generale du chateau de Versailles
1680er-Jahre, Metropolitan Museum of Art, New York City, 20.41(97)

Jacques Callot, Nancy: Les misères de la guerre; 11. Les pendus
(Die Schrecken des Krieges; 11. Der Galgen), zwischen 1632 und 1633
Art Gallery of New South Wales, DO10.1963.11

Thomas Hattemer, geb. 1967 in Bad Kreuznach, aufgewachsen in
Pfaffen-Schwabenheim, 1987 – 1994 Studium der Physik in Mainz.
E-Mail: th.hattemer@gmx.net